AF390390

MÉMOIRES

DE

Musicologie Sacrée

lus aux Assises de Musique religieuse

LES 27, 28 ET 29 SEPTEMBRE 1900

à la SCOLA CANTORUM

PARIS

Aux Bureaux d'Édition de la « Scola »

269, rue Saint-Jacques

MÉMOIRES

DE

MUSICOLOGIE SACRÉE

MÉMOIRES

DE

Musicologie Sacrée

lus aux Assises de Musique religieuse

LES 27, 28 ET 29 SEPTEMBRE 1900

à la SCHOLA CANTORUM

PARIS

Aux Bureaux d'Édition de la « Schola »

269, rue Saint-Jacques

A. GASTOUÉ

L'ART GRÉGORIEN

Les Origines premières

L'ART GRÉGORIEN

Les Origines premières

I

L'ART HELLÉNIQUE ET L'ART SYRIEN

Monseigneur,
Révérendissime Père,
Messieurs,

Vouloir traiter devant vous, de la manière que je le désire, des origines premières du chant ecclésiastique, c'est courir au-devant de digressions redoutables : et j'ai peur, une peur terrible, d'être taxé du reproche de pédantisme.

Cependant, tant qu'à prendre un art dans ses origines, si cet art surtout appartient à une forme d'esprit hiératique, il faut remonter aux sources de cette formation, il faut retrouver l'état d'âme de ses auteurs.

Certes, Messieurs, ce n'est pas d'une philosophie d'art purement idéaliste que je vais vous entretenir : ce que je veux, c'est faire ici abstraction de la spéculation pure, pour m'attacher au fait.

Prendre pied sur le terrain du fait, c'est dire qu'on se tourne vers l'enseignement de l'histoire, parce que seule l'histoire bien comprise, — aussi bien pour elle-même que pour les sciences, en art comme en théologie, — peut donner la clé de certains problèmes très complexes, parce que l'histoire est la preuve expérimentale, parce que l'étude de l'histoire fait remonter plus haut, toujours plus haut, aux sources premières.

Or, si certaines formes religieuses ont été purement idéalistes, il n'en est point ainsi du christianisme : le christianisme est un fait Développé par un ensemble d'autres faits antérieurs ou subséquents, — venus parfois d'autre part, — et qu'il a adoptés, il forme avec eux un faisceau serré, très complexe et dont les éléments sont cependant devenus très homogènes.

Donc, le christianisme étant un fait, il s'impose. Et, pour l'étudier dans ses effets secondaires, dans ses formes extérieures même, il faut se placer sur le terrain du fait, l'éclairer à la lumière de l'histoire.

Vous me pardonnerez donc, Messieurs, de vous rappeler en grandes lignes, au sujet de l'étude d'une des formes les plus solennelles de la religion, — le chant sacré, — dans quelles conditions s'est fait son premier établissement.

*
* *

La compréhension de la Rédemption par le Christ, telle que se la faisaient les premiers apôtres, était fort différente de celle qui prévalut quelques années plus tard, quand la foi eut été prêchée aux païens.

Les écrivains de l'époque anténicéenne, plus tard encore, auraient, je le crains, compris difficilement certaines idées et certaines expressions des Pères du IVe et du Ve siècle. Autres furent les scolastiques, dont l'enseignement imprègne encore les opinions théologiques : cependant, il est, de nos jours, différemment compris qu'il l'était au Moyen-Age.

Les tout premiers débuts de l'établissement du christianisme forment une phase toute judaïque dans son histoire : c'est le mosaïsme arrivé à sa perfection par l'apparition du Messie, et destiné, dans la pensée des apôtres, aux seuls Israélites.

Mais, dans le monde juif, il y avait ici et là dispositions différentes à recevoir la parole évangélique. Il y avait les fidèles de la *Diaspora*, répandus des colonies de l'Extrême-Orient jusque dans les comptoirs de Tharsis, de la Bétique — l'Espagne ; il y avait, mêlés à eux, des prosélytes admis à la prière rituelle de leurs synagogues et de leurs proseuques : nombre de ces dernières remontaient à des temps lointains, étaient plus anciennes même que la restauration de la Grande Synagogue par Esdras ; elles possédaient des coutumes spéciales et des observances particulières.

Il y avait, en Judée et aux alentours, les descendants du retour de la captivité. Deux courants les dirigeaient : celui de ceux que le Christ nomme les vrais Israélites, hommes de bonne foi, de ceux qui recherchent le règne de Dieu en leurs âmes, et dans lesquels il n'y a nul mensonge du cœur ni de l'esprit ; à côté, qu'ils s'appelassent les Séparés, ou les Parfaits, ou les Justes, étaient ceux dont l'étroitesse de cerveau avait enfanté les fantaisies talmudiques et compliqué la Thora d'une foule de minuties rituelles qu'ils prétendaient ne faire qu'un avec la loi.

Ce sont ces derniers qui font la guerre à Jésus, qui laissent le peuple le suivre ou l'en éloignent, selon leurs intérêts ; ce sont eux qui, plus tard, échapperont à la ruine de la nation en emportant leur esprit étroit ; ce sont eux qui, à travers la dispersion, perpétueront la division du peuple en Séphardim et en Askénazim, suivant l'origine de la communauté.

Au début du christianisme, c'est à tous les Juifs, mais à eux seuls, que s'adressent les apôtres. Quand la Ville sainte eut été prise par Titus, les vrais Israélites ou déjà étaient chrétiens, ou moururent les armes à la main pour la défense de leur patrie, ou furent emmenés pour servir au triomphe du vainqueur.

Dans la dispersion, la plupart des synagogues avaient reçu la doctrine du Maître et donné naissance à des centres chrétiens.

Pour ceux qui fréquentaient là, comme l'avait dit Jésus à ses disciples, le Fils de l'homme n'était pas venu détruire la Loi, mais à la fois l'accomplir et la compléter. Aussi, complétant et rénovant l'esprit mosaïque par les enseignements christiques, complétaient-ils en même temps les observances rituelles de leurs synagogues : ils ajoutèrent à la lecture des Livres saints celle des œuvres des Apôtres, et à leurs cérémonies, la commémoraison de la dernière Cène. Telle fut l'origine de l'ordonnance de la messe.

De fait, on a pu le dire et le prouver, on l'a redit autour de nous, je l'ai répété en parfaite connaissance de cause, telle fut la force des traditions, qu'à l'heure actuelle encore, la liturgie romaine peut être considérée comme une liturgie hébraïque développée, ou cette dernière comme une liturgie chrétienne n'ayant pas encore reçu ses accroissements naturels.

Cela est si vrai, que non seulement la disposition générale des offices, mais encore le choix des psaumes aux différents moments de la journée et pour les grandes fêtes communes aux deux cultes, s'y retrouve le même, ou inspiré par le même esprit liturgique.

De là à pressentir qu'une tradition analogue a dû présider aux origines et aux développements du chant sacré, il n'y a évidemment qu'un pas : nous allons tout à l'heure le franchir.

*
* *

Combien de fois n'a-t-on pas dit, en termes plus ou moins éloquents, plus ou moins pompeux : Les formes extérieures du christianisme doivent nécessairement être imprégnées, comme le veut leur origine judéo-hellénique, aussi bien de l'ancien idéal hébraïque que de celui des Grecs! Mais, ajoute-t-on ordinairement, pour la musique en particulier, — sans doute parce que l'histoire de cet art est encore mal connue, — il faut nous borner à constater ce qui doit être, sans chercher à pénétrer ce qui est.

Pourquoi? je vous le demande, Messieurs. Alors qu'en théologie, en littérature et en discipline ecclésiastiques, on a fait la part de l'hébraïsme et de l'hellénisme, pourquoi ne le pourrait-on dans cette partie importante de la liturgie qu'est le chant?

Mais, pour le faire, il nous fallait être en possession, au moins pour notre rite, de textes musicaux : la science et la patience bénédictine nous les ont fournis; il nous fallait cette vieille théorie du rythme oratoire appliqué aux formes musicales : vous nous l'avez rendue, Révérendissime Père; il fallait enfin rapprocher des nouvelles lumières que nous fournissent les chercheurs les résultats déjà acquis.

Or, de ces recherches, il ressort suffisamment que c'est sur le terrain de la forme littéraire qu'il faut se placer pour mieux pénétrer les secrets de la rythmique mélodique : il nous faut donc étudier, pour nous rendre maîtres de celle-ci, la compréhension judéo-syrienne de la poésie destinée à être chantée.

Pour les Hébreux, comme pour les peuples syro-chamites qui les entouraient, la littérature lyrique affecte la forme du parallélisme : parallélisme entre les deux parties de la strophe, quant aux idées, à l'expression, quant au poids général des syllabes, leur nombre même et parfois une sorte d'allitération.

Je ne vous donnerai pas ici, Messieurs, c'est parfaitement inutile, même le résumé des théories mises en avant sur la versification hébraïque : il me suffira de vous dire comment, à travers le voile des traductions qui nous sont familières, nous pouvons reconnaître les lois générales qui régissent la lyrique ancienne des Israélites en ce qu'elle a de plus intéressant : les psaumes ou cantiques.

Le cantique psalmique est le correspondant syrien, et, de quelque façon, dans l'ordre des temps, le prototype de ce que fut l'ode chez les Grecs : une composition, généralement religieuse ou patriotique, destinée soit à des voix choisies, soit à la foule, et partagée en strophes.

L'idéal syrien ne comprend cependant pas la nécessité d'une reproduction mathématique du rythme à chaque strophe : s'il le fait ce n'est que par exception ; le rythme, le poids, le nombre des syllabes ne sont pour lui que d'une équivalence approximative ; les différentes parties de la strophe ne nous donnent que l'apparence, l'impression de ce que notre formation intellectuelle nous fait concevoir sous le nom de vers. Cela, en dehors du style et des équivalences que je viens de signaler, est dû encore à la facture soignée des débuts et des cadences des parties de la strophe.

Comparés à nos poésies occidentales, c'est à l'hexamètre pour le genre employé, au septénaire pour la rythmique générale, que nous comparerions ces vers : chaque strophe, véritable distique, en a deux ; quelquefois ils sont un peu plus courts, et groupés par trois ; cependant, différence capitale, la césure et la coupe de l'hémistiche y sont complètement ignorées.

Dans nos traductions latines, les deux pseudo-vers de la strophe psalmique sont séparés par un astérique. La seconde pause nécessitée par les strophes à trois vers n'est pas indiquée dans les psautiers latins à l'usage des églises séculières, mais se trouve dans les livres monastiques sous le nom de pause de flexe.

Ainsi le psaume *Beatus vir*, cent onzième dans notre Vulgate, est en grande partie formé de ce dernier genre de strophe : *Jucundus homo qui miseretur et commodat : disponet sermones suos in iudicio : quia in æternum non commovebitur. — Peccator videbit et irascetur : dentibus suis fremet et tabescet : desiderium peccatorum peribit.*

Remarquez que je ne dis pas ici que toujours ces coupes correspondent aux coupes hébraïques : les versions grecque et latine diffèrent entre elles en même temps que des deux versions hébraïques, et, assez souvent, le second vers de la strophe, dans une version, est joint au premier de la suivante dans une autre, mais toujours d'une façon qui témoigne de la persistance de l'usage premier.

Voici comment il est important pour nous, au point de vue du chant, d'avoir précisé cette forme : c'est que, soit chez les Israélites, soit chez les chrétiens des diverses églises d'Orient et d'Occident, les lois musicales qui y président sont restées les mêmes : partout, aussi loin que nous allions, aussi haut que nous remontions, ce sont les formes littéraires de la strophe psalmique qui en règlent le chant : d'où l'importance de la pause de médiante et celle des intonations et finales.

Le premier exemple venu nous fera voir comment, dans notre rit latin, les choses s'opèrent, soit :

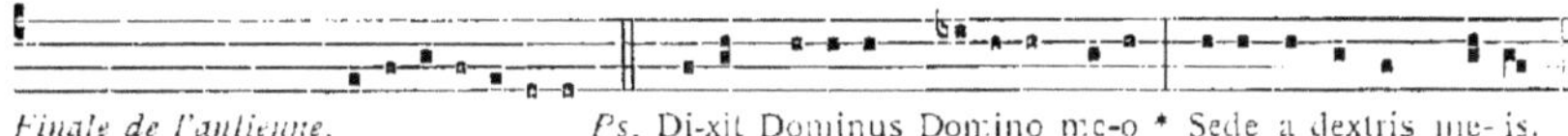

Finale de l'antienne.   *Ps.* Di-xit Dominus Domino me-o * Sede a dextris me- is.

Au début de la strophe ou seulement du psaume, une formule d'intonation ascendante ; de la finale de la mélodie précédente, elle monte sur une dominante, teneur de récitation, qui peut être différente pour chaque vers, comme dans le *tonus peregrinus* ; avant la pause, soit médiale, soit terminale, il y a place pour une formule modulée, qui, suivant les cas, va de la plus grande simplicité à l'ornementation la plus riche. Voici un autre exemple simple emprunté aux Byzantins :

Αἰνεῖτε τὸν Κύρι- ον ἐκ τῶν οὐρανῶν· * αἰνεῖτε αὐτὸν ἐν ὑψίστοις.

Mais, et c'est ici que la question croît en intérêt, quelle que soit la solennité du chant psalmique, les prodiges de virtuosité du chanteur, partout, chez les Juifs comme chez les chrétiens, ces mêmes règles d'intonation, de récitation, sur une teneur vocale, de médiante, de terminaison, se retrouvent. Pour mieux vous faire saisir, à travers les ornements, l'observation de ces règles, je me servirai des mêmes paroles et du même mode musical pour les trois premiers exemples que je vais donner :

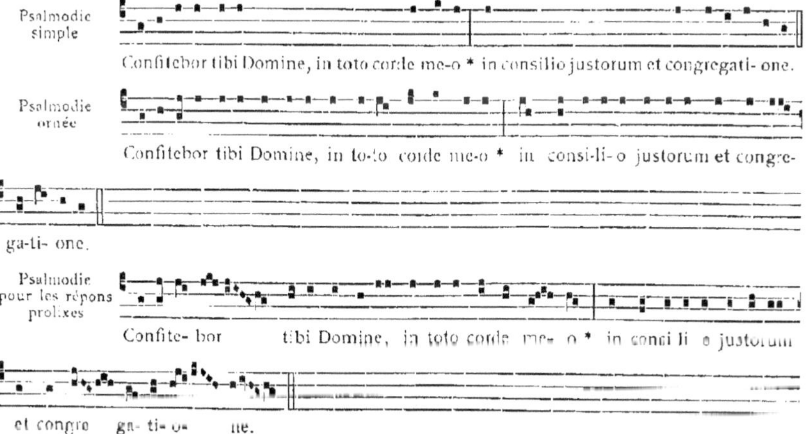

Voici une autre psalmodie pour le répons de l'*Alleluia*; elle est usitée à Noël et en beaucoup d'autres fêtes; elle est certainement des plus anciennes, car on retrouve dans sa mélodie la forme caractéristique des chants alléluiatiques les plus anciens à Rome, et qui d'abord, au témoignage d'écrivains byzantins n'y étaient, au IVe siècle, usités qu'au temps de Pâques. Sa manière, très ornée aux intonations, aux cadences médiales et terminales, laisse cependant intacte la corde récitative du milieu du verset; dans ce genre, après la pause de médiante, il y a reprise d'intonation ornée ; enfin, comme le texte est composé de plus d'un verset, on y recommence la mélodie avec nouvelle médiante, et la finale forme à elle seule tout un membre de phrase :

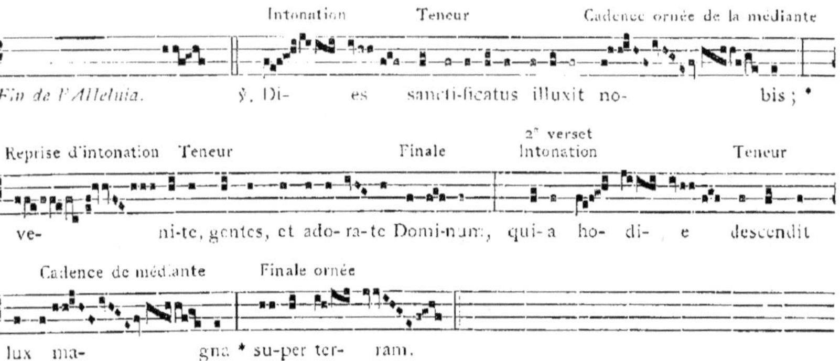

Autre exemple, sur le même mode que tout à l'heure, avec teneur ornée et finale développée :

Un dernier exemple tout aussi remarquable sera ce verset du grand psaume pascal 117, chanté à l'envi par les Israélites et les Chrétiens en ces jours de solennité; la teneur est à la quarte de la finale pour le premier vers, à la tierce pour le second :

*
* *

Lorsqu'on étudie les déterminantes d'un fait historique, je l'ai dit au début de cette lecture, il y a lieu de faire la part de l'état d'esprit atavique des auteurs immédiats de ce fait, en même temps que d'envisager le milieu dans lequel il se produit. Je touche ici, Messieurs, à une des digressions contre lesquelles je vous ai mis en garde tout à l'heure.

Si, par exemple, nous examinons une phase quelconque de l'esprit humain dans tel ou tel groupement ethnique, c'est, encore une fois, en remontant aux origines premières, que nous aurons l'impression vraie, la caractéristique et la raison d'être du développement intellectuel de ce peuple.

Or, la diathèse intellectuelle d'une nation, si je puis ainsi m'exprimer, se ressent toujours de la formation plus ou moins tardive des premiers concepts de sa race.

Ainsi, trois grandes divisions nous apparaissent dans l'histoire de l'espèce humaine, envisagée à ce point de vue, et ces trois divisions paraissent correspondre à trois migrations principales de l'humanité primitive.

Ceux qui peuplent l'Asie orientale, sortis d'un des premiers rameaux conscients d'eux-mêmes, témoignent par leurs langues, leurs coutumes, leurs idées, leurs traditions, d'une formation originale très primitive, quel que soit le degré de civilisation auquel soit parvenu tel ou tel peuple de cette race : les Japonais, par exemple.

A un étage différent, et plus rapproché de nous, figure la forme syro-chamite, imprégnant de son esprit les nations de l'Asie occidentale et du nord de l'Afrique : nous venons de l'étudier dans une de ses manifestations artistiques.

Enfin, la grande famille arienne, de laquelle nous sommes issus, et dont le développement a été le plus tardif, nous offre aussi le tableau le plus brillant de l'esprit humain. L'infinie délicatesse de ses productions en sculpture, en architecture, en peinture, en littérature, en musique, malgré des différences ethniques aux causes très diverses, forme un lien très étroit entre les nations modernes. Avec une tendance de plus en plus marquée à se synthétiser, elle sait s'enrichir de ce qu'il y a de mieux et de meilleur dans les autres formes de civilisation. C'est en somme, prise sur le vif, la réalisation de la lointaine prophétie rapportée au livre de Noé : Que Sem dominerait Cham, mais qu'ensuite ce serait Japhet — notre race — qui habiterait ses tentes.

De cette civilisation arienne, je ne veux retenir que le petit coin, le seul dont j'aie à m'occuper, de la forme hellénique, dans les rapports mutuels de la littérature et de la musique religieuses.

La phase judaïque pure a été en effet très courte dans l'histoire du christianisme; et, pour une forme religieuse qui devait être universelle, catholique — c'est le même sens, — il était nécessaire que des formes d'art différentes l'imprégnassent.

Je vous signalerai encore deux des plus touchantes compositions inspirées de la forme du nome, mais rentrant dans la catégorie des idiomèles byzantins. L'Église l'emploie aux funérailles, et je ne doute pas — la teneur de leurs

expressions en est le garant — qu'elles ne remontent vers le IIIe siècle, et
que la déposition d'un martyr les ait, pour la première fois, entendues.

En résumé, je rattacherai à l'idéal hébraïque tout ce qui suit la forme psalmique : les psaumes de l'office avec, sans doute, tout ou partie des antiennes
du Psautier et *quelques-unes seulement* de la messe — introïts, communions,
post evangelium, confractoria ; les répons brefs ou prolixes de l'office ; les
répons graduels et alléluiatiques, les offertoires, les traits. A l'art purement
hellénique, j'attribuerai le reste, c'est-à-dire : les autres antiennes et les
hymnes. Enfin, dans le développement des offices du Ve au VIIIe siècle, je
vous engagerai à observer, dans celles des compositions de cette époque que
nous signale un goût plus moderne, d'une part, la tendance à imiter, à construire une mélodie en juxtaposant des centons, des formules déjà employées
dans le même genre, d'autre part à mêler les deux genres.

Cependant, ce mélange, où, par portions égales, les deux sèves se sont
rencontrées, n'apparaît guère qu'aux IXe-Xe siècles, au moment où les compositions de Saint-Gall et des écoles françaises, comme Chartres, préparent un
art nouveau.

Les principales caractéristiques des deux courants, vous les avez, Messieurs,
pour ainsi dire touchées du doigt ; et, s'il est vrai que notre esprit s'élève difficilement jusqu'à l'abstraction, je comparerai l'art de la psalmodie — simple
ou ornée — à ces édifices inspirés par la même intellectualité orientale. Là,
les principales divisions sont seules accusées ; en dehors d'elles, ou c'est le
long mur, sans autre ornement qu'une très simple moulure, ou bien une
théorie de guerriers hiératiques, figés en formules sculpturales, et ne dépendant que d'eux-mêmes ou de l'ensemble.

Dans l'art grec, au contraire, c'est la recherche de la grâce, c'est un raffinement se traduisant par la délicatesse, la petitesse souvent de la forme ; c'est
comme un besoin mathématique qui cherche les divisions nettement accusées,
qui aime la correspondance des parties entre elles et par rapport au tout.

Et en somme, l'un et l'autre nous contentent : d'un côté, la grandeur puis-
sante et le chatoiement d'un hiératique vêtement ; de l'autre, le charme discret,
la grâce joyeuse. Et ils répondent si bien tous deux à un besoin de l'humaine

nature, qu'il nous est impossible, en vérité, de dire en goûtant l'une ou l'autre forme, à laquelle vont nos préférences.

Je n'ai pas à vous entretenir, Messieurs, de l'histoire de cette querelle des idées judaïques et helléniques qui faillit diviser le christianisme naissant et le collège apostolique lui-même. Si j'ai paru un peu appuyer tout à l'heure sur le développement premier de notre forme religieuse, c'est qu'il m'a semblé nécessaire de le faire pour une phase de son histoire dont la connaissance est trop peu répandue.

Mais, pour la période qui suit, je n'ai à vous rappeler ni les prédications de Paul chez les Hellènes, ni les noms, presque tous grecs, des premiers apôtres de la Gaule et des papes, jusqu'au III⁰ siècle, ni les inscriptions et peintures des vieux cimetières romains, ni enfin la hiératisation helléno-byzantine qui, depuis l'époque nicéenne, tendit de plus en plus à immobiliser l'Église. Examinons seulement, d'une manière quelque peu succincte, ce que le chant, dans la liturgie, doit à l'idéal hellénique.

*
* *

Pour l'ancien Grec, le prototype poétique et musical de l'art religieux, c'est le *nome*.

Le *nome* — c'est-à-dire la règle, le *canon*, — est, pour les Hellènes, d'une forme très archaïque, mais plus récente cependant et plus arrêtée dans ses lignes que le distique hébraïque. Au lieu de la simple médiante de la strophe psalmique, le *nome* possède en plus des coupes intermédiaires lui donnant une sorte de carrure : en résumé, quatre membres ni trop courts, ni trop longs, reliés deux en deux, et à peu près égaux dans le nombre et le poids des syllabes.

La forme du *nome*, une fois fixée, ne variait pas ou peu. La mélodie qu'elle prenait pouvait s'appliquer à une multitude de paroles pourvu qu'elles en épousassent la forme. De là tel ou tel nome consacré, chez les Hellènes, à telle ou telle divinité, telle ou telle cérémonie : au fond, et pour employer une expression des spécialistes modernes, un *timbre* musical.

Les chrétiens employèrent-ils ces timbres? c'est moins que probable : pour qui connaît leur esprit, ce n'est pas possible, c'eût été introduire chez eux une forme païenne trop vivante encore. Mais ils pouvaient l'imiter, et le firent. M. Gevaert a compté un certain nombre de ces formules types, analogues aux nomes, dans le chant de l'Église romaine. Ces mélodies s'adaptent à quantité de textes, si bien qu'il a pu suffire de les connaître par cœur pour être à même d'exécuter de nombreux offices : elles rentrent par là dans la catégorie de ce que les Byzantins nomment automèles. En voici de bien connues.

Vous l'avez entendu : c'est dans l'une et dans l'autre la même division : un repos au milieu du distique musical, une simple suspension pour en séparer les hémistiches. Mais, à cause des textes en prose, liberté quant à la mesure des syllabes, pourvu qu'elles ne dépassent pas les limites possibles de l'adaptation mélodique.

Le *nome* a formé, en précisant le nombre et le poids des syllabes, la strophe lyrique, généralement iambique dimètre ; la réunion de plusieurs strophes a constitué l'ode, ou, comme nous disons, l'hymne. Cela est si vrai, qu'en appliquant à un des timbres que je vous ai donnés tout à l'heure les paroles d'une ambrosienne du IVe ou Ve siècle, l'accord s'établit harmonieusement.

Il est bon de remarquer, en passant, que, dans la strophe hellénique, dans l'ode pindaresque, les vers se correspondent mathématiquement, non pas seulement dans l'application des règles de la quantité, mais encore de la prosodie, en sorte qu'à la fois longues et brèves, accentuées et atones s'y retrouvent parallèlement. Dans la littérature latine, l'observation de la métrique ne fut toujours qu'une importation étrangère et la strophe lyrique populaire y fut plutôt prosodiée : cependant, les hymnes — non destinées au culte, qu'on ne l'oublie pas — des Ambroise et des Prudence offrent parfois la double combinaison des pieds toniques et métriques, comme dans l'œuvre de Pindare et d'Eschyle, *Corde natus ex Parentis*, par exemple, maintenant abandonnée. On retrouve encore la même forme double dans plusieurs œuvres de la renaissance des VIIIe-IXe siècles, telle l'*Iste Confessor*.

Et les mélodies sur lesquelles sont chantées ces hymnes sont de véritables nomes musicaux, car bien rares sont celles qui leur soient propres. Ainsi, pendant le temps de Noël, qu'il s'agisse d'une fête de martyr — saint Étienne —, d'apôtre — saint Jean —, de confesseur — saint Silvestre —, on y chantera les hymnes, presque toutes de même mesure, sur le ton de la Nativité ; en d'autres époques, on les adaptera à la mélodie du temps liturgique d'alors.

Enfin, en groupant à plusieurs les couples du nome primitif, on est arrivé à composer de plus ou moins longues antiennes, des *troparia*, comme disent les Byzantins, dans lesquelles, aussi bien dans la liturgie grecque que dans la romaine, une phrase répète la mélodie de celle dont elle dépend : ainsi l'*Adorna thalamum* (Καταχόσμησον τὸν νυμφῶνα) de la Purification ou encore cette autre, qui pour ne pas être de la première époque n'en est pas moins intéressante :

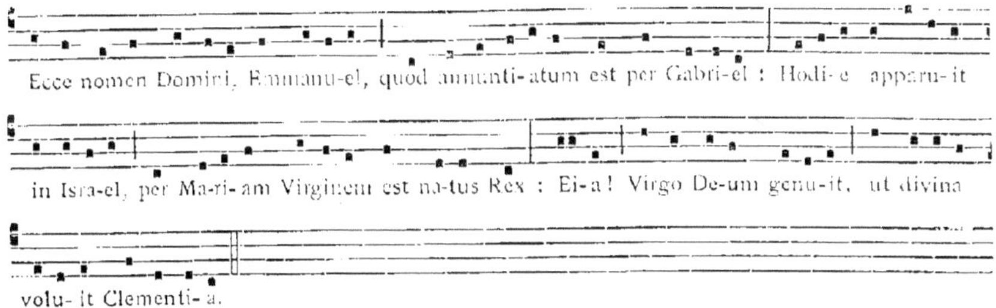

II

LES FORMULES MÉLODIQUES ET LEUR NOTATION

Je vous ai dit précédemment, Messieurs, comment, par le moyen des timbres musicaux, on pouvait chanter des offices entiers en n'ayant que le texte littéraire, avec, bien entendu, l'indication du nome. D'où, par ce procédé, notation musicale presqu'inutile.

Mais il y a eu des chants plus compliqués, et il a bien fallu alors quelque notation, si rudimentaire qu'on la conçoive, pour en indiquer, ou au moins en rappeler, les mouvements mélodiques. Jusqu'où pouvons-nous remonter dans l'histoire de ces notations liturgiques ?

Vous connaissez la précision de notre écriture musicale, sortie en partie de la notation proportionnelle de la fin du Moyen-Age. Celle-ci, à son tour, se servait, en leur donnant une autre signification, des figures de notes du plain-chant, de ces neumes, sur lignes à la plus récente époque, puis, à mesure qu'on s'éloigne dans le lointain des âges, de plus en plus imprécis quant à l'intonation qu'ils auraient dû indiquer. L'absence de documents nous empêche de remonter plus haut que le VIIIe siècle.

Quelle est l'origine de ces neumes ? on le disait déjà alors : *Ex accentibus oritur figura quæ dicitur neuma* : c'est la combinaison des accents, indiquant par leur position l'acuité ou la gravité des voix, qui a formé les figures neumatiques. D'accord, et cette application à l'art musical de la sténographie des vieux *notarii* a été excellente; mais, à mon avis, cette explication ne suffit pas, car il y a autre chose que des neumes, c'est-à-dire des figures musicales formées d'accents, dans les notations musicales latines du VIIIe au XIe siècle.

Il y a, en effet, au milieu des neumes et dans d'excellents manuscrits même de Saint-Gall, il y a, dis-je, éparses çà et là, des figures bizarres et purement conventionnelles dont nous trouvons la traduction neumatique en d'autres manuscrits. A mesure que nous nous rapprochons des temps postérieurs, ces signes disparaissent : au contraire, si nous consultons les manuscrits musicaux d'églises restées plus fidèles aux vieux usages, leur proportion augmente, dans l'écriture neumatique française, par exemple; elle devient plus importante encore dans les livres mozarabes, et même nombre d'entre eux nous offrent une sémiographie musicale où le système des neumes n'apparaît presque pas, se trouvant remplacé et par des signes analogues aux byzantino-syriens et par ces autres signes dont j'ai plus haut parlé.

Du côté byzantin, même phénomène. A la notation indiquant chaque son musical, se mêlent, au delà du XIIIe siècle, — comme en nos manuscrits latins, — des abréviations de formules ornées revenant plus fréquemment dans tel ou tel mode. Plus haut, ce système s'accentue encore, et apparaissent des signes à apparence neumatique, puis d'autres signes remplaçant plusieurs notes, sans aucun lien apparent, dans leur graphie, avec la ligne mélodique : telle est la notation de l'important fragment de Chartres, provenant du Mont-Athos, le plus ancien spécimen probable de musique byzantine.

En entrant dans l'Orient, nous y trouvons les Arméniens en possession d'une notation qu'ils assurent connaître depuis le Ve siècle. Plus archaïque que les précédentes, cette notation comporte un ensemble considérable de signes, et chacun d'eux, placé ici ou là sur le texte chanté, exprime à lui seul tout un fragment mélodique, toute une longue suite de notes.

Or, dans toutes ces écritures musicales, aussi bien que dans les signes indicateurs des récitatifs liturgiques chez les Arméniens, les Byzantins, les Latins, partout, dans les plus anciens manuscrits qui les renferment, figurent, avec les éléments premiers de l'écriture neumatique — *punctum*, *virga*, *clivis*, *podatus*, — les mêmes signes, exactement ces mêmes signes conventionnels qui, à eux seuls, veulent dire toute une mélodie.

*
* *

Lorsqu'on étudie nos écritures grammaticales, en principe phonétiques, on est quelque peu surpris de voir que latine, grecque, phénico-hébraïque, démotique, se rattachent étroitement à un prototype, — syllabique peut-être —, pour nous encore inconnu, mais fortement apparenté aux vieux systèmes idéographiques de l'Egypte et de l'Assyrie.

Si des effets analogues procèdent de causalités analogues, il en doit être de même pour nos écritures musicales, actuellement alphabétiques, dans lesquelles chaque ton est épelé ; et, dans le système syllabique des neumes qui les a précédés, surnagent de plus vieux hiéroglyphes, à eux seuls formulaires d'une phrase.

Où irons-nous chercher le premier ancêtre ? Sera-ce dans les vieux empires d'Orient ? nous ne savons ce qu'était leur science musicale, et les rêveries de Champollion sur ce point n'ont pas — malgré l'aide de Fétis, — abouti à quoi que ce soit de sérieux. Sera-ce vers Rome et la Grèce ? mais leur écriture, assez connue, n'a rien de commun avec celles qui nous occupent. Alors ?

Alors, il ne reste qu'un point à explorer.

Il s'agit ici d'écritures liturgiques, dont les signes les plus élémentaires accompagnent la lecture des Livres saints : c'est vers leurs plus vieux exemplaires, vers leurs textes originaux, qu'il faut nous diriger : c'est encore un coin de l'art hébraïque qu'il nous faut étudier.

Quand vous avez pour la première fois, Messieurs, ouvert une Bible hébraïque, vous y avez remarqué, à côté des points-voyelles, des inventions

des compilateurs de la Massore, vous y avez remarqué, dis-je, des signes
formés d'autres éléments. Ayant interrogé votre professeur ou votre grammaire, vous avez appris que ces signes, purement conventionnels, ne vous
serviraient à rien dans l'explication du texte, et... vous les avez laissés de
côté. A moins que, poussant plus loin votre curiosité, vous soyez allés frapper
à la porte d'une école rabbinique, ou qu'ayant questionné le premier *hasan*
venu, on vous ait répondu :

« Ces signes sont pour nous très vénérables : ils remontent aux temps
heureux où David et Salomon organisèrent les chants du Temple. » Mettons
simplement Esdras, ce sera déjà fort beau. « Chacun d'eux forme une mélodie spéciale qui diffère cependant suivant le genre des lectures saintes. Autre
sera la formule mélodique du *dagra* dans la Thora, autre dans les Psaumes,
autre dans les Prophètes, etc. »

Et si vous vous flattez de retrouver ainsi la tradition cantorale des Asaph et
des Idithun, on ajoutera :

« Hélas ! les malheurs de la nation ont fait perdre à nos pères, dans la dispersion, le sens exact de ces signes, et maintenant, chacune des grandes communautés israélites possède sa tradition à elle sur la manière de les interpréter. »

N'est-ce point exactement le cas des notations liturgiques chrétiennes ? Oui,
pour chacune des églises en particulier, son chant sacré remonte aux origines.
De fait, je vous l'ai dit, à mesure que l'on avance vers l'antiquité, les manuscrits témoignent, de plus en plus, de communes coutumes. Mais interrogez un
Arménien, un Grec, et chez les Latins, un Romain, un Milanais, chacun à sa
manière interprétera le même signe musical : et dans notre France même, si
vous demandez ce que signifie l'astérisque de la médiante dans le 6e ton, on
vous donnera trois versions.

C'est donc, il semble, un mythe de chercher, pour le moment, à retrouver
le chant original de telle ou telle partie des Ecritures, malgré les efforts de quelques utopistes.

Cependant, si c'est un mythe de chercher les détails d'une application difficile
à retrouver, c'est, au contraire, chose fort intéressante d'en dégager les principes connus : or, comme pour le chant psalmique, ils sont les mêmes partout.

Voici donc comment les choses se passent, en principe d'abord, puis en
contrôlant l'application sur nos chants latins.

*
* *

Pour le chant de telle ou telle partie du livre sacré, on a fait usage, je
suppose, de dix fragments en phrases mélodiques représentées chacune par
un signe conventionnel. Mais les dix signes ne se retrouvent pas, aux différents endroits du texte, toujours dans le même ordre ; ici, ils se suivront de
1 à 10 ; là, dans l'ordre 1, 3, 4, 5, 2, 7, 8, 6, 10 : ailleurs, autrement. Bien
entendu, certaines de ces formules se retrouveront cependant à la même place,
nécessitée par les règles d'intonation et de cadence des divers tons.

En dehors de celles-là, les autres devront être construites de manière à se
pouvoir échanger.

Une pareille forme d'art ne saurait comprendre une suite mélodique pro-

prement dite que dans des conditions faciles à déterminer par le texte ; en
dehors d'elle, récitatif simple. C'est, en somme, absolument le système psalmique, et, dans l'office canonial, nous usons des mêmes procédés. Soit le
premier verset du psaume *Confitebor* ; sur quel air me le faudrait-il chanter ?
Et si je choisis un *air* plus ou moins long, de forme assez précise, un
nome, comment l'appliquerai-je aux paroles ? C'est presque inutile de le
chercher : il faut nécessairement suivre ici le système de la psalmodie.

Or, rien qu'en plaçant l'indication du huitième ton devant ce verset, sans
qu'il soit besoin de notation musicale autre, j'ai à ma disposition plusieurs
versions mélodiques suivant la place que ce verset occupe dans l'office. Je
puis le chanter, en effet, en huitième ton de psalmodie fériale, ou festivale,
ou solennelle : en huitième ton de répons ou de trait. De plus, une simple
lettre ajoutée au chiffre peut me donner la facilité de changer la cadence
finale : 8 G, 8 c. Et avec ce chiffre, avec l'astérisque de la médiante qui
sépare les deux vers hébraïques, avec la flexe, avec le point final, toute une
mélodie, parfois très compliquée, se trouve notée, pourvu que le chantre
connaisse les formules des tons. Donc, maintenant encore, nous pratiquons le
système hébraïque, puisqu'un seul signe nous suffit pour exprimer un fragment mélodique et que ce signe peut changer de signification suivant la place
où on le trouve dans l'office, ou même si on le rencontre dans un psaume
ou dans un cantique évangélique.

Appliquons en grand ce système aux formes les plus solennelles de la psalmodie, comme les graduels. nous obtiendrons les plus intéressants résultats.
J'ai dépouillé ainsi les quarante et quelques répons-graduels dits du cinquième
ton, à peu près la moitié de tous les graduels. Sept d'entre eux ont un chant
particulier pour la première partie : celle qui précède le verset, et deux seulement y compris le verset. Les autres comptent environ trois cents phrases musicales dont à peine une cinquantaine est spéciale à telle ou telle pièce ; encore
sont-elles, la plupart du temps, empruntées à un autre genre de chant liturgique. Quant aux deux cent cinquante autres phrases, elles sont formées de qua-
rante-trois formules mélodiques atteignant jusqu'à soixante-cinq notes, les unes
spéciales aux intonations, d'autres aux cadences, d'autres encore s'échangeant.

C'est, il me semble, assez démonstratif que cette persistance du système
hébraïque des formules dans nos chants grégoriens, et précisément dans des
pièces qui suivent le genre de la psalmodie hébraïque, à laquelle leurs textes
sont empruntés.

Mais, de ces dépouillements et d'autres aussi précis, il résulte d'autres
choses encore.

C'est d'abord, au point de vue du système d'écriture musicale, qu'il n'était
point nécessaire des détails de la sémiographie neumatique pour noter le chant
de ces pièces. En second lieu, on peut conclure que ces formules se retrou-
vant les mêmes en un certain nombre de pièces, pour qui les connaît dans le
genre liturgique qui les accompagne, point n'est besoin, comme on le croit
communément, de posséder par cœur le répertoire des chants sacrés. De telle
façon qu'il n'était pas non plus absolument nécessaire d'un chanteur possédant
dans sa mémoire un grand nombre de pièces liturgiques, mais d'un *lecteur*
connaissant parfaitement le schéma mélodique des formules ponctuant le texte

scripturaire : d'où l'importance à ce point de vue de la primitive *Schola* Lecto-rum, que la *Schola* Cantorum ne paraît remplacer qu'à l'époque de saint Grégoire le Grand.

Lorsque la notation neumatique fut nécessitée par les chants nouveaux, dont le répertoire fut rédigé vers cette époque, cette notation pouvait parfaitement guider le *cantor* dans un très grand nombre de cas où il aurait ignoré le chant de la pièce qu'il devait exécuter. En effet, nulle part, dans ces différentes formules, n'apparaît le même assemblage de neumes, et les mélodies des cadences étant connues donnaient déjà le ton musical de la pièce. De ce ton, au cas où tel ou tel groupement de signes se trouve en deux tons différents, il pouvait immédiatement résoudre la difficulté, car ce même groupement n'est presque jamais sur les mêmes degrés en deux tons différents : les emprunts d'un ton à un autre dans les chants les plus anciens sont excessivement rares, et l'on ne trouvera que *cinq* fragments empruntés au deuxième ton dans les trois cents phrases des graduels en question plus haut.

Arriver à dépouiller toutes les formules de tous les tons, dans tous les genres, serait donc se mettre en possession d'un moyen puissant pour transcrire d'anciennes pièces neumatiques non écrites jusqu'ici sur lignes, en même temps que d'obtenir de bons textes critiques des chants déjà connus.

Une autre conclusion, et d'une évidence éclatante, est que, l'introduction du système neumatique ne datant vraisemblablement que du temps où de nouvelles compositions, de nouvelles formules, ne cadraient plus avec les anciens signes représentatifs des formules primitives, celles-ci, dans leur état originaire, doivent être de beaucoup plus anciennes.

Bien plus, là où la notation par groupes a seule subsisté, elle nous apparaît clairement comme une traduction du vieux système idéographique. Aussi, nombre de pièces musicales sont les mêmes — avec variantes — dans le répertoire de Rome et celui de Milan. Les unes, il est vrai, ont été prises à Rome par Milan vers les IXe et Xe siècles, mais un très grand nombre subsiste du vieux fonds latin répandu dans tout l'Occident. Or, là où une variante se présente pour une formule connue, partout où se retrouve la formule, partout est la variante. Ce n'est que dans les pièces empruntées postérieurement et habillées à l'ambrosienne que le vêtement est arbitrairement cousu. Donc, les autres pièces se rattachent à une autre époque, à un autre genre d'art.

Dans ce temps-là, évidemment, on avait dû noter avec quelques signes seulement — à la tradition variable suivant les églises, comme dans les communautés israélites, — les chants ornés des psaumes ; on les avait composés en juxtaposant les formules, véritables *centons* musicaux, comme en faisaient les littérateurs de la décadence romaine des vers de Virgile et d'Horace. Or, si, par le style, on peut distinguer les œuvres de l'époque des Papes helléniques du VIIe siècle, œuvres qui ne cadrent plus avec la vieille tradition ; si c'est quelques années plus haut que se délimitent les deux arts au moment de l'introduction de nouveaux offices, nous ne trouverons comme dernier centonisateur de la vieille manière que le Pape illustre auquel la tradition attribuait déjà cette œuvre : saint Grégoire le Grand.

Amédée Gastoué.

2

Pierre AUBRY

Les raisons historiques du rythme oratoire

LES RAISONS HISTORIQUES DU RYTHME ORATOIRE

Nous nous proposons d'aborder à notre tour cette grave et délicate question du rythme grégorien, en apportant à la discussion des éléments nouveaux, en élargissant peut-être aussi le point de vue coutumier, en essayant surtout de nous placer bien en face des réalités historiques.

Ce n'est point que nous fassions peu de cas de l'enseignement des théoriciens de la musique au Moyen-Age, que les mensuralistes invoquent si volontiers.

Mais ici, comme toujours en histoire, il faut discernement et critique.

Or, ces théoriciens sont des religieux et, vivant dans des monastères où les lettres antiques n'avaient cessé d'être cultivées, ils représentent un état d'esprit qui n'est point, à beaucoup près, celui de la grande masse de leurs contemporains, que nous allons tracer tout à l'heure.

Ensuite, ces écrits représentent surtout une doctrine personnelle : qui nous assure que c'est aussi la tradition courante? Guion l'Arétin est bien une grande autorité, mais par cela même qu'il fut une intellectualité de marque, n'a-t-il pas eu la tentation de substituer une interprétation personnelle à celle du vulgaire?

Enfin, ces théoriciens eux-mêmes sont divisés et, sur un même texte, nous le sommes encore plus qu'eux quand il s'agit de traduire et d'interpréter.

Nous avons dit souvent, et sans regret jusqu'ici, que la science musicologique n'appartient pas aux musiciens qui ne sont que des musiciens, mais que pour résoudre avec critique les problèmes encore obscurs de nos études, il faut faire appel aux données plus précises de la philologie et de l'histoire.

La question qui nous retient ici doit prouver, une fois de plus, l'exactitude de cette pensée, car c'est en allant plus avant qu'on a accoutumé de le faire, dans l'histoire du haut Moyen-Age, que nous chercherons à démontrer combien sont utopiques et vains les systèmes mensuralistes, combien grande a été l'imprudence des plain-chantistes qui, sur la foi de textes mal interprétés souvent, et, souvent aussi, douteux dans leur sens, ont édifié, sur la reconstitution de la mesure dans le plain-chant, des théories aussi contraires aux données de l'histoire qu'au bon sens artistique.

Notre thèse peut se résumer ainsi : A l'âge où se sont formées les traditions musicales de l'Eglise chrétienne, le monde romain avait perdu la notion de la métrique antique, sur laquelle les mensuralistes s'appuient; l'accent tonique seul était debout et vivant, et c'est lui seul qui, à cette même époque, a pu donner un rythme aux chants de l'Eglise.

Je vais reprendre ces différentes propositions dans un ordre logique, pour arriver, après démonstration de chacune d'elles, à en reconstituer l'ensemble. Je ne pourrai ici vous indiquer toutes mes sources, comme je ferais si j'imprimais, et je vous demanderai quelque crédit de confiance : qu'il vous suffise de savoir que, s'il vous plaît de vérifier, vous pouvez vous reporter :

1º A l'introduction que M. Brunot, professeur à la Faculté des Lettres de Paris, a faite pour l'*Histoire de la langue et de la littérature française*, publiée sous la direction de Petit de Julleville.

2º A différents paragraphes de la *Grammaire des langues romanes*, de M. Meyer-Lubke, où le savant philologue nous donne quelques aperçus sur le latin vulgaire.

3º A la *Grammaire historique de la langue française*, de M. Kr. Nyrop, en cours de publication.

4º A l'excellent article sur le latin vulgaire qui se trouve dans les *Gründriss*, de Grober.

5º A la *Chronologie du latin vulgaire*, de G. Mohl, travail de haute science, récemment paru dans la Bibliothèque de l'Ecole des Hautes-Etudes et qui est comme la préface d'une *Grammaire du latin vulgaire*, en préparation.

6º Au livre de Max Bonnet, *Le Latin de Grégoire de Tours*, qui nous donne, sur le latin parlé en Gaule au VIᵉ siècle, des détails infiniment précieux.

Je laisse de côté les travaux anciens de F. Diez, de Schuchart, de Woellflin, pour terminer cette indication sommaire de mes sources, en citant les articles divers parus dans la *Romania*, dans le *Zeitschrift für romanische Philologie*, ou ailleurs, et les cours de l'enseignement supérieur de MM. Gaston Paris, P. Meyer et A. Thomas, où il est fréquemment question du latin vulgaire et qui nous donnent le dernier état de nos connaissances sur ce point.

Les écrivains de l'antiquité classique ne nous donnent guère, en général, de leur temps qu'une notion superficielle, quelque chose comme un décor de convention, mais ils ne nous font que rarement connaître l'intimité de la vie antique; c'est ainsi que la mythologie qu'ils nous ont présentée est surtout une religion de façade; que leurs dieux : Jupiter, Apollon, Mercure, Vénus et tous les autres, sont des dieux de poésie, bien faits pour la littérature, mais que le peuple ignorait; de même, la langue dans laquelle ils écrivaient et qui a immortalisé leur génie, fut, elle aussi, la chose n'est plus douteuse, une langue de poètes et de rhéteurs, de philosophes et d'historiens, ce fut une langue de lettrés.

A côté du latin littéraire, il y eut, dès les premiers siècles de la Rome antique, un latin vulgaire qui fut la langue des gens de la plèbe, des paysans, des esclaves et des affranchis, des soldats. N'y avait-il que la basse classe pour la parler? Ce latin vulgaire était-il, dans la bouche des *humiles*, un idiome absolument différent de la langue écrite et savante? Sur ce point, les philologues ont discuté : les uns, à la suite de Woelfflin et de son école, ont cherché une solution radicale et cru que le latin vulgaire était, à côté de la langue classique, un parler très à part; depuis, avec Max Bonnet, on est revenu à des idées plus raisonnables. On admet la réalité d'un latin vulgaire, faisant office de langue parlée, mais ce latin vulgaire n'avait rien de très fixe, mais chacun avait une prononciation et des formes de langage différentes, selon le niveau de son éducation. « Chacun écrivait autrement qu'il ne parlait, causait autrement qu'il ne haranguait, plaisantait autrement qu'il n'exprimait sa douleur. C'est cette variété infinie de nuances, et leur existence simultanée, qu'il importe d'avoir toujours présente à l'esprit, et qu'il faut savoir mettre à la place des deux couleurs tranchées, qu'on a pris l'habitude de se représenter[1]. »

Mais à Rome, comme partout, ce sont les basses classes qui sont de beaucoup les plus nombreuses, si bien que la langue de la plèbe, des esclaves, des soldats, des colons, devint, avec une foule de variétés, répétons-le, le latin vulgaire par excellence.

Le livre de M. Mohl prouve, d'une façon très scientifique, que ces parlers populaires remontent très haut dans l'histoire et que, dès les origines de Rome, une langue littéraire se superposa à ceux-ci. Or, tandis que le latin écrit et littéraire, le *sermo urbanus*, soumis aux règles d'une grammaire qui en avait enrayé l'évolution naturelle, était devenu un langage plutôt artificiel à l'usage des lettrés, le latin parlé et vivant de la plèbe, le *sermo plebeius*, ne cesse d'évoluer dans une perpétuelle transformation au cours des siècles. Mohl distingue quatre grandes périodes dans la chronologie du latin vulgaire et, selon lui, la dernière commence à la fin des Antonins environ, et surtout à partir du IVe siècle, pour s'étendre jusqu'à la fin de l'empire et au delà, à l'aurore des langues romanes : c'est alors que les barbares se sont assimilé la langue latine, et qu'ils en ont fait leur idiome naturel, en la développant spontanément en dialectes de plus en plus caractérisés; en outre, c'est à la fin de l'empire, comme le remarque M. Meyer-Lubke[2], que les différences entre le *sermo urbanus* et le *sermo plebeius*, peut-être minimes à l'origine, s'accrurent de plus en plus lorsque l'empire romain s'écroula.

C'est donc, et surtout, le latin vulgaire, ce *sermo plebeius*, que les premiers chrétiens trouvèrent en face d'eux, quand la religion nouvelle pénétra dans les rangs de la société romaine. Or, l'Eglise parle à ses fidèles pour être entendue d'eux; d'autre part, on sait qu'à côté de conversions illustres, mais en nombre médiocre, la foule des nouveaux chrétiens se recruta principalement dans les très basses classes de la société romaine. Le Christ avait dit : « Bienheureux les humbles! » c'était aux humbles, aux déshérités de la fortune et des dons de l'esprit, que ses ministres devaient parler, c'était d'eux qu'ils se devaient faire comprendre; en conséquence d'un christianisme triomphant, le latin populaire devait donc l'emporter définitivement.

Mais le christianisme, en résolvant, de la manière la plus raisonnable, les graves problèmes qui préoccupent l'humanité pensante, devait aussi tenter l'intelligence des sages et compter bientôt, parmi ses adhérents, ceux qui avaient commencé par chercher la vérité dans les philosophies et ne l'y avaient point rencontrée; le christianisme eut donc aussi pour lui des écrivains et des penseurs. D'autre part, l'Eglise est conservatrice; dans sa diffusion à travers

1. Bonnet, *Le latin de Grégoire de Tours*, p. 36, introd.
2. *Gramm. des langues romanes*, t. I, p. 6.

le monde, elle a toujours et partout fait sienne, pour l'introduire dans ses livres saints, la langue du passé et de la tradition : à Rome, à Byzance, en Arménie, en Egypte et en Ethiopie, c'est la langue ancienne dont elle use pour écrire, mais c'est la langue du peuple dont elle se sert pour parler.

Ne quittons pas Rome et voyons ce qui s'y passe : il y a deux courants.

Les Livres saints sont traduits en langue latine, et c'est un latin conforme aux lois de la grammaire qui est employé. Entendons-nous : les fautes du parler populaire sont évitées, la langue est au plus haut point correcte, mais le latin de saint Jérôme est conçu pour être compris de la foule ignorante et pieuse, c'est un latin littéraire à l'usage des illettrés[1].

C'est encore trop pourtant. Si, dans le troupeau des catéchumènes, il est une ouaille qui n'entende point le latin des livres, c'est spécialement à elle que le ministre du Christ doit parler. Le texte saint doit être commenté à la foule en langue vulgaire, tant il est vrai qu'il y a une langue vulgaire.

Mais quelle est-elle et comment la connaissons-nous ?

La langue parlée n'a point laissé de documents écrits, c'est vrai. Tout au plus les écrivains latins nous ont conservé quelques expressions, quelques rares refrains, rien de plus. Historiquement nous savons que le latin vulgaire existait ; la philologie comparée des langues romanes nous permet de le reconstituer.

C'est donc ce latin vulgaire que toute la *Romania*, c'est-à-dire l'Europe colonisée au temps de l'empire romain, a parlé jusque vers le IVe siècle, au temps où se forment les diverses langues romanes.

Dans le vocabulaire, peut-être même dans sa morphologie et sa syntaxe, le latin vulgaire fut-il contaminé par les parlers primitifs des barbares romanisés : néanmoins il y avait des traits généraux et communs.

Je vous renvoie pour la grammaire du latin vulgaire au livre de Nyrop, aux chapitres de Brunot et des *Gündriss* de Grober, me contentant de retenir ici les deux seuls points qui intéressent la musicologie du haut Moyen-Age.

1° Le latin vulgaire ignore la métrique ;

2° Les voyelles ne se distinguent plus par la quantité, mais par la qualité.

A) Comme la mythologie, comme nombre de genres littéraires, la métrique latine des poètes classiques fut une œuvre artificielle, une théorie importée des Grecs chez les Romains. A part le vers saturnien, hexamètre national des Latins, lequel tomba de bonne heure en désuétude, les poètes romains ont emprunté aux Grecs leur prosodie et leur métrique, leurs règles de quantité et les mètres dont ils se sont servis dans la construction des vers.

Ce fut un art d'emprunt et qui, nous en sommes assurés par les travaux les plus sérieux et les plus critiques de nos philologues contemporains, ne pénétra jamais le peuple.

Il est même curieux de remarquer que le seul mètre vraiment national des Latins, le vers saturnien, ait pu, contrairement à la thèse de M. Louis Havet, être expliqué par un autre érudit, l'abbé Misset[2], comme un mètre unique-

---

1. « Melius ut reprehendant nos grammatici quam non intelligant populi ».
2. Cf. Lettres chrétiennes.

ment fondé sur l'accent tonique; peut-être même, alors que le vers saturnien a disparu de la littérature, a-t-il persévéré dans la poésie populaire.

Quoi qu'il en soit, dès le milieu du IIIᵉ siècle après Jésus-Christ nous sommes assurés par les témoignages des grammairiens et des scoliastes que l'ancienne prosodie avait disparu de la prononciation courante du latin. « Les syllabes longues et brèves, dit L. Havet, n'étaient plus dans un même mot les mêmes qu'au temps de Plaute et de Virgile... Claudien étudiait la prosodie des mots latins comme nous pouvons le faire aujourd'hui dans les œuvres de Virgile, d'Horace ou d'Ovide : en ce qui touche la prononciation, il écrivait dans une langue déjà morte. »

Après Claudien, la versification latine, nous le verrons plus loin, change de principes, elle repose sur l'accent, et si quelque poète, païen ou chrétien, écrit encore des hymnes sur les mètres d'Horace ou des romans en vers hexamètres, ce sera une œuvre savante, un régal de dilettante, mais non pour la foule pieuse qui prie dans le sanctuaire.

En effet, les voyelles latines ne se distinguent plus par la quantité, mais par la qualité. A la différence de durée s'était substituée une différence de timbre. Insensible dans l'a, la nouvelle distinction est très importante pour les autres voyelles; ainsi l'ancien ĕ se prononce è, ainsi ē = é ; ĭ = é ; ī = i ; ŏ = o ; ō = ó ; ŭ = ó et ū = u. Ces différences dans la prononciation sont à ce point sensibles qu'elles ont influencé toute la phonétique romane, et que sous l'accent tonique, ces voyelles se sont comportées différemment en roman et que l'è par exemple a donné *ei* en français tandis que l'é se diphtonguait en *ié*.

Voilà ce qu'après le IIIᵉ siècle de notre ère était devenue la quantité du latin classique : le latin vulgaire n'en a pas conservé trace et le peuple entier, en Italie, comme en Gaule, l'ignorait.

B) L'accent, tonique ou secondaire, prend un rôle de plus en plus prépondérant et ce fait nous est attesté par la phonétique romane et par la versification rythmique.

La période du haut Moyen-Age qui nous occupe ici, antérieurement au Xᵉ et au XIᵉ siècle, est celle qui a vu en Gaule, en Italie, en Portugal, en Espagne, dans les pays roumains et réto-roumains, le bas latin évoluer dans cette transformation séculaire qui l'acheminait vers les différentes langues romanes. Le facteur principal de cette évolution fut l'accent tonique, dont le rôle a été admirablement mis en lumière par M. Gaston Paris en divers travaux.

Nous ne sommes qu'incomplètement renseignés sur la nature de l'accent latin. Les grammairiens latins, dit Meyer-Lubke, nous en parlent d'après les Grecs, et il n'y a aucune raison sérieuse de croire que ces indications correspondent à des faits positifs. La voyelle accentuée était prononcée avec une plus grande énergie que les atones. Dans le cours des siècles, la différence entre les syllabes accentuées et les atones devint un peu plus considérable, si considérable même que cette distinction entre syllabes toniques et atones devint la clé de la phonétique romane tout entière.

Il y a dans tout mot latin un accent tonique principal, qui en fait, selon sa place, soit un paroxyton, soit un proparoxyton.

Dans tout paroxyton de plus de trois syllabes, dans tout proparoxyton de plus de quatre, il y a, à deux syllabes en arrière de l'accent principal, un accent secondaire antétonique.

Il semble enfin, sans que ce soit aussi nettement démontré, que la dernière syllabe des proparoxytons porte un accent secondaire métatonique.

Prévenons ici une erreur que l'on commet volontiers : l'accent latin, dit-on, porte sur la pénultième quand cette syllabe est longue, sur l'antépénultième quelle qu'en soit la nature, quand la pénultième est brève.

C'est vrai, mais ce dont il faut bien se souvenir, c'est qu'en parlant de voyelle longue ou brève, on doit entendre la qualité, et non la quantité de la voyelle.

Il ne faut donc pas dire que la syllabe sous l'accent doit avoir une durée plus longue que l'atone, car notre accent tonique est un accent d'intensité sans propriété de durée.

Au point de vue du plain-chant, la conséquence est importante et l'on ne doit point s'étonner de voir des pénultièmes brèves chargées de notes. Qu'importe ? il vaut même mieux que la syllabe accentuée ne le soit pas. Quand on veut donner de la force à sa pensée on l'exprime avec concision ; en la délayant, on l'affaiblit.

La règle est en phonétique romane que toute syllabe accentuée en latin persiste en roman. Cette règle est absolue.

En revanche, toute voyelle atone, antétonique, intertonique ou métatonique, tombe en roman.

La période où cette transformation s'est opérée pour former les mots romans coïncide avec la plus belle époque du chant liturgique.

Nous venons de voir que la versification métrique classique, tombée en désuétude, tend de plus à être remplacée par un système nouveau où la coïncidence de l'accent et du temps marqué est le principe dominant.

« La versification rythmique, généralement dédaignée des poètes païens, fut adoptée par les poètes chrétiens, qui n'avaient pas à respecter les traditions de la littérature païenne ; leurs œuvres s'adressaient d'ailleurs bien moins aux lettrés qu'aux gens du peuple, qui n'auraient rien compris à la versification surannée des poètes classiques du temps. La versification rythmique seule était en accord avec les lois du langage vivant [1]. »

On sait que l'alternance de la syllabe tonique avec une syllabe atone est le principe de la versification rythmique, qui, née dans la poésie populaire de l'ancienne Rome sans doute, a traversé florissante tout le Moyen-Age pour s'éteindre à l'heure de la Renaissance avec tant d'autres souvenirs du passé.

Ce qu'il importe de retenir, c'est que la versification rythmique a été par excellence la versification du Moyen-Age.

Résumons-nous dans les propositions suivantes :

1° Le latin vulgaire a été la langue parlée dans l'empire romain, durant toute l'antiquité et tout le haut Moyen-Age, jusqu'à la formation des langues romanes, tandis que le *sermo urbanus* était la langue écrite à l'usage des lettrés.

---

1. *Cours élémentaire de métrique*, par HAVET et DUVAL.

2° L'Église a parlé à ses fidèles la langue qu'ils comprenaient et comme, parmi les chrétiens, les classes inférieures étaient les plus nombreuses, elle a parlé le latin vulgaire.

3° Le latin vulgaire ignore la métrique classique et les voyelles ne se distinguent plus par la quantité, mais par la qualité.

4° L'accent tonique prend dans le latin vulgaire un rôle de plus en plus prépondérant, et cette importance nous est attestée par la phonétique romane et par la versification rythmique.

Cherchons maintenant quelles sont au point de vue musicologique les conclusions et les conséquences de cet exposé.

Elles nous apparaissent comme négatives d'un côté et positives de l'autre : le même instrument qui aura servi à détruire nous aidera encore à édifier.

1° Les constatations que nous avons pu faire, sur le terrain de l'histoire et de la philologie, nous serviront à battre en brèche toutes les doctrines mensuralistes que ces dernières années ont vu édifier sur l'exécution du chant. Pas une n'a voulu voir l'état de choses auquel nous nous sommes référé, et c'est regrettable, car si parmi les mensuralistes, il y a des amateurs d'une hilarante fantaisie, il y a aussi heureusement des savants que nous avons accoutumé de respecter. C'est à eux que nous nous adressons ici et nous leur demandons comment, puisque, à la base de toutes leurs explications, il y a, sur la foi d'un texte de Guion l'Arétin, un perpétuel parallèle entre la métrique et la musique, ce parallèle peut tenir, puisque nous croyons que l'un des deux termes de la comparaison était inconnu au haut Moyen-Age et que la métrique antique n'était qu'une réminiscence confuse dans le cerveau de quelques moines nourris dans les lettres latines.

Comment la foule en prière eût-elle compris et fait sentir dans l'exécution les rythmes savants de la lyrique d'Horace dans les hymnes même qu'elle lisait sur les principes de la versification syntonique et dans l'ignorance de toute prosodie.

La multitude des interprétations qui sont données des textes invoqués par les mensuralistes suffit à nous mettre en défiance. Ces textes sont peu clairs, les traductions sont tourmentées, et quand même elles seraient exactes, qui nous assure que les auteurs invoqués ne sont point, à l'état d'exception, mensuralistes pour leur temps, comme le R. P. Dechevrens ou tel autre, aujourd'hui? Qui nous répond qu'ils représentent la doctrine courante et non la leur uniquement? Et n'oublions pas qu'ils sont bien postérieurs à la formation du chant grégorien.

Bref, si au Moyen-Age, si à partir du IIIᵉ siècle de l'ère chrétienne, la prosodie et la métrique de l'antiquité classique ont été, pour les raisons que nous avons données, ignorées de la foule et connues seulement de quelques littérateurs archaïsants, nous croyons contraire à la réalité historique de chercher à les réintégrer dans l'art du même temps sous le couvert de la musique.

2° Mais une musique ne peut vivre sans mesure, ni sans rythme : ce qui la vivifiera, c'est cet élément de jour en jour prépondérant et accepté par l'école de Solesmes comme l'âme du chant grégorien, l'accent tonique, qui est la condition suffisante et nécessaire de l'exécution musicale des cantilènes liturgiques. Nous avons vu l'accent tonique prendre sa place dans le latin vulgaire sur les ruines de la tradition classique ; nous avons vu l'accentuation remplacer la quantité et sur cette base un nouveau système de versification prospérer ; nous avons vu, au même temps, l'accentuation diriger la formation des langues néo-latines et être la raison première, le principe directeur de toute la phonétique romane.

Que veut-on de plus ? Tel que l'ont compris en d'admirables travaux les RR. Pères Bénédictins de Solesmes, l'accent tonique a suffi à édifier une méthode d'exécution d'une merveilleuse clarté et d'une incomparable poésie ; en outre, ce système a pour lui la justification de l'histoire sans qu'il soit besoin de torturer les textes pour en extraire ce qui ne s'y trouve point.

Quelle sera maintenant la conclusion pratique de cet exposé d'histoire linguistique ?

Ce n'est point nous qui la donnerons.

Mais d'ici à quelques semaines, les moines bénédictins de Solesmes livreront au monde savant les premières feuilles d'une *Rythmique grégorienne*. Ce ne sera point l'œuvre fantaisiste d'un musicien ignorant qui croit avoir fait une découverte de génie et la livre hâtivement au public ; ce travail sera le fruit mûr d'un demi-siècle de pratique et d'études, et ce que nous en connaissons nous permet de croire qu'il marquera une longue et sérieuse étape dans l'évolution des doctrines musicologiques.

PIERRE AUBRY,
Archiviste-paléographe.

Abbé H. VILLETARD

Recherche et étude de fragments

de manuscrits de plain-chant

RECHERCHE ET ÉTUDE DES FRAGMENTS DE
MANUSCRITS DE PLAIN-CHANT

Messieurs,

Si j'ai osé accepter de prendre à mon tour la parole, au cours et presque au début de ces brillantes fêtes musicales, ce n'est pas, certes, que je veuille chercher à élucider devant vous un point quelconque de l'histoire du chant religieux. C'est bien moins encore pour vous entretenir d'une des questions si délicates que soulève le capital problème du rythme, dans la musique grégorienne. Deux infatigables conférenciers doivent d'ailleurs nous en parler ces jours-ci.

Beaucoup plus modeste est mon intention.

Persuadé, avec les chefs et les partisans de l'école bénédictine, qu'en matière de restauration de chant, des résultats sérieux et pratiques ne sont possibles qu'à la condition d'une étude patiente, approfondie des sources, c'est-à-dire des diverses écritures musicales, je voudrais simplement, dans cette lecture, attirer un instant votre attention sur cet objet. Je voudrais vous redire que si, après les succès obtenus, et vous savez, Messieurs, qu'ils sont merveilleux, il reste encore à souhaiter de nouvelles découvertes, à corroborer certaines preuves et quelques notions à préciser, eh bien, on n'y saurait parvenir que par l'emploi des mêmes procédés de travail et de recherche. Et pour cela, tout effort, si modeste soit-il, mérite d'être encouragé, car, tôt ou tard, il portera des fruits. On peut toujours, dans une mesure quelconque, travailler à soutenir une grande cause. Le champ de l'archéologie liturgico-musicale, un des derniers ouverts aux investigations de la science, n'est-il pas, du reste, un domaine immense et des plus fertiles ? Aussi, qui voudra s'en donner la peine y recueillera certainement d'abondantes et précieuses glanures.

Oui, Messieurs, et il est bon de le répéter, si l'œuvre de la restauration du chant, au moins dans ses parties essentielles, est maintenant réalisée, c'est à une étude plus complète et plus directe des sources que nous le devons. La plupart des musicographes ont enfin compris qu'il y avait tout à gagner à laisser au second plan les textes d'ailleurs si peu précis des théoriciens, pour suivre une marche plus rationnelle et plus scientifique.

En un mot, c'est grâce à l'emploi, dans la musicologie, des méthodes critiques de la philologie et de l'histoire que l'on est parvenu à entrer définitivement dans la voie des solutions et qu'ont été obtenus ces progrès qui vont s'accentuant de jour en jour et font, à l'heure actuelle, la joie de l'Eglise et la nôtre.

Mais quelles sont donc les sources dont il s'agit ? Pour nous conformer à une classification déjà ancienne et justement maintenue, nous dirons qu'elles sont de deux sortes : les *documents* et les *monuments*. Par *documents*, il faut entendre les textes théoriques, les ouvrages didactiques, et par *monuments*, les textes musicaux, les diverses notations de nos livres liturgiques. De même qu'on a cru pouvoir étendre l'expression de *documents* aux fragments historiques épars çà et là, dans les œuvres de la littérature du Moyen-Age, de même aussi nous nous permettons, et avec plus de raison encore, de conserver le nom de *monuments* aux fragments de manuscrits.

C'est de ces derniers que je vais vous entretenir. Eux seuls feront l'objet de la présente communication.

I. — C'est avant tout par les manuscrits complets, conservés avec tant de soin dans nos riches dépôts publics, que sont formées ces sources abondantes et toujours ouvertes dont il vient d'être question. Sans cesse, nos liturgistes et nos musicologues accourent y puiser. Aussi bien, ne faut-il rien moins que ces livres intacts, aux écritures neumatiques variées, pour apaiser la soif de vérité qui les dévore et pour fournir à leur érudition cette quantité de preuves, ces garanties réclamées par le développement ou la défense de leurs thèses.

Mais, Messieurs, à côté des grandes sources, dont le puissant débit doit subvenir aux premiers besoins de l'humanité, la divine Providence, n'est-il pas vrai ? a su faire jaillir aussi, pour notre agrément, de pures et d'agréables fontaines. Sa main généreuse n'a-t-elle pas multiplié sur notre route ces petits ruisseaux aux eaux limpides et rafraîchissantes qui font circuler la vie et sèment tant de charmes en nos vallons ignorés ? Ainsi en est-il des *monuments* de l'histoire, si bien qualifiés du nom de *sources*. Il y en a de considérables, il y en a de moindres, certains même paraissent insignifiants ; tous, cependant, ont leur valeur, et parmi ces derniers, il s'en trouve parfois qui offrent un intérêt réel. Donc, aux érudits, aux savants critiques, de compulser les monuments de nos bibliothèques, vastes réservoirs de la science ; à nous, modestes ouvriers de l'art chrétien, qui vivons et sommes obligés de travailler loin de tout document, à nous, dis-je, de puiser à des sources moins fécondes, mais toujours utiles, en étudiant les fragments de manuscrits, à nous de collectionner les très nombreux débris de parchemins notés.

Oui, je dis *très nombreux*, car, de fait, il s'en rencontre partout. Il n'est peut-être pas un seul de nos villages, si éloigné et si peu important que vous le supposiez, qui ne recèle, dans quelque coin, un de ces restes précieux de nos splendides manuscrits d'autrefois.

Règle générale, c'est sous la forme de *couvertures* de livres qu'ils se présentent. La grande majorité des vieux livres, livres d'église ou autres, les registres paroissiaux, les anciennes minutes de notaires, les recueils de délibérations, les liasses de documents, dans nos archives, sont, en effet, le plus souvent reliés ou simplement enveloppés avec des feuillets de parchemin arrachés jadis à des livres de chœur. C'est, du reste, grâce à cette particularité qu'ils ont pu échapper à une ruine certaine. Dès lors, vous voyez de quel côté devra diriger ses investigations quiconque voudrait entreprendre une collection de ces vénérables débris. Si donc, Messieurs, vous tenez, vous aussi, à mettre en pratique le *Colligite fragmenta ne pereant,* excusez la citation, voici, en quelques mots, l'itinéraire à suivre. Il vous faudra visiter : les trésors de nos cathédrales ou de nos grandes églises, les archives départementales et communales, les bibliothèques publiques et privées, les sacristies, les vieux coffres, les placards de nos églises rurales, les ateliers de reliure, les boutiques et arrière-boutiques des bouquinistes ou des marchands d'antiquités, en résumé, tout endroit susceptible de détenir cachés des objets, des livres et papiers anciens. Au cours de semblables visites, on a parfois, je vous assure, de singulières surprises. Vous dirai-je, par exemple, à quoi un brave homme avait employé deux larges feuillets d'un antiphonaire du XVIe siècle ? — Oui, car je vous défie bien de jamais le deviner. Eh bien, il en fit tout simplement, quelle ingénieuse idée !... deux peaux de tambour ! Voilà, certes, qui n'est pas commun : deux folios de parchemin qui chantent et obéissent... à la baguette !!! L'exécution était sans doute quelque peu martelée... mais, mon Dieu, celle de nos vieux chantres, trop souvent, ne vaut guère mieux !

Si donc vous faites cette rapide excursion que je viens de vous indiquer, vous pouvez compter sur une fructueuse récolte et sur des trouvailles vraiment intéressantes, trouvailles d'autant plus probables, d'ailleurs, que, jusqu'ici, ce genre de recherches n'est pas encore en honneur. Souhaitons qu'un jour on y prenne goût. Les amateurs d'antiquités, il est vrai, ont bien parcouru les campagnes les plus reculées, visité les moindres bourgades, mais c'était pour recueillir des meubles, des statues, des tapisseries, des tableaux, des bronzes et surtout des porcelaines, d'anciennes faïences... Quant aux vieux parchemins... avouez que l'on n'a guère songé à en faire collection.

Mais comment expliquer que ces fragments soient si répandus ?

Vers les XVIe et XVIIe siècles, et même avant, les graduels et antiphonaires manuscrits composés avec tant de luxe, avec une perfection si rare, par de véritables artistes, furent voués en grande partie à la destruction. Heureusement encore qu'on eut le bon goût, mais soyons plus exact, l'*idée pratique,* d'utiliser leurs feuillets (c'était si solide !) pour en revêtir d'autres volumes. Heureusement surtout qu'on employa de préférence les livres les plus récents et partant d'une exécution moins soignée, ceux, en particulier, des XIVe et XVe siècles. Ce fut toujours autant de sauvé ! Mais, tout de même, quel vandalisme !

Pour plus de clarté, permettez-moi ici une courte digression.

Au Moyen-Age, il n'y avait guère que les églises cathédrales, collégiales. ou les riches abbayes, comme celle de Saint-Gall par exemple, qui pouvaient s'offrir le luxe de posséder de nombreux manuscrits liturgiques. Aussi est-ce là surtout que se rencontrent les graduels et antiphonaires les plus anciens et les plus parfaits. Les églises moins considérables, faute de ressources, devaient le plus souvent se contenter d'un seul manuscrit. Ce livre était ordinairement un *missel plénier*, ainsi appelé parce qu'il renfermait l'office complet. c'est-à-dire les paroles prononcées à l'autel par le prêtre et les pièces exécutées au chœur par les chantres. Naturellement, durant le saint sacrifice, le missel restait sur l'autel, à l'usage exclusif du célébrant, et c'est ce qui explique pourquoi, en général, il était d'un format plutôt restreint.

Dès lors, on conçoit que n'ayant pas la notation sous les yeux, les choristes fussent tenus de se préparer longtemps à l'avance, et par des exercices fréquents, à une bonne exécution des mélodies sacrées. Ces exercices, durant lesquels le missel plénier était mis à leur disposition, s'appelaient *récordations*. Aujourd'hui, nous dirions *répétitions*. Mais à quoi bon se préparer?... On a des livres !!! Ne serait-ce pas là une des raisons pour lesquelles autrefois on chantait presque toujours par cœur et purement de mémoire? L'hypothèse, du moins, paraît assez vraisemblable.

Evidemment, cet état de choses était nécessité par la rareté des livres liturgiques, conséquence elle-même de la cherté du parchemin. Mais plus tard, vers les XIVᵉ et XVᵉ siècles, le parchemin étant beaucoup plus répandu, les manuscrits liturgiques se multiplièrent rapidement. Alors le missel plénier fut en quelque sorte dédoublé. Une partie, ne contenant que les paroles et les deux ou trois pièces de chant réservées au célébrant, fut transcrite dans un volume à part qui devint notre missel actuel. Le reste, c'est-à-dire tout ce qui était destiné aux chantres, fut copié dans un autre livre qui prit place, au milieu du chœur, sur le pupitre ou lutrin, sous le nom de *Graduel*. Ordinairement, ce dernier était de grandes dimensions et d'une très grosse écriture, afin que les choristes, beaucoup plus nombreux que de nos jours, pussent tous y lire facilement de leur place.

Telle est l'origine de ces graduels au format parfois immense, comme on en écrivit surtout aux XVIIᵉ et XVIIIᵉ siècles, et comme il en existe encore un certain nombre. Pour les offices du soir, un autre volume s'imposait, ce fut l'*Antiphonaire*, qui, pour les mêmes raisons, reçut de semblables dimensions.

Dans des livres d'un format si considérable, il y avait évidemment de quoi se tailler de larges feuilles de parchemin et de quoi relier de nombreux et gros in-folio. On sait par ailleurs que c'est surtout à l'époque de l'imprimerie que la reliure est devenue un art vraiment pratique. Quelle bonne aubaine pour les relieurs du temps! Quelle riche trouvaille! Aussi firent-ils ample provision de manuscrits. Du reste, les églises, il faut le reconnaître, étaient ravies de pouvoir vendre ou échanger leurs quelques manuscrits, parfois plus ou moins détériorés. contre une collection de livres commodes et absolument neufs. C'était bien naturel! Les anciens comptes de fabriques nous ont conservé, à cet égard, de curieux renseignements. Quant aux rares exemplaires qui ont survécu, grâce à une main libératrice qui sut les dissimuler dans quelque recoin d'une armoire obscure, un sort pire encore les attendait. Rien n'ayant pu, dans la suite, les

soustraire aux ravages de la Révolution, ils furent détruits, brûlés par ordre...,
comme un vulgaire signe de féodalité, tout comme un papier ou document
suspect.

Et voilà comment s'explique la présence de tant de fragments partout dissé-
minés, précieuses épaves des richesses liturgiques du Moyen-Age, jetées aux
quatre vents du ciel par le fait d'une barbare ignorance ou par la brutalité d'un
vandalisme impie.

Mais, me direz-vous, en définitive, quelle conclusion tirer de tout cela? — La
conclusion! Mais, Messieurs, il me semble qu'elle ressort on ne peut plus évi-
dente. Pour qui veut réfléchir un tant soit peu, n'y a-t-il pas là un argument de
tout premier ordre en faveur de l'authenticité et de l'universalité des mélodies
grégoriennes? Ne dirait-on pas que ces innombrables fragments sont comme un
écho lointain des pures traditions? Ici, n'est-ce pas le langage des documents
eux-mêmes que l'on entend? Oui, Messieurs, ce sont eux-mêmes qui plaident
leur cause et qui *parlent sur place*. Devant tant de vestiges de tous côtés répandus, une réflexion vient de suite à l'esprit : c'est que le chant qu'on s'efforce
de rétablir dans nos paroisses n'est pour elles ni un étranger ni un inconnu. Il
ne fait, au contraire, que redemander l'hospitalité dans des églises où jadis il
régnait en maître. C'est un expulsé, un banni qui veut rentrer dans son ancien
domaine, où il a laissé tant de traces de son séjour. La conclusion, enfin ! Mais
c'est qu'il importe précisément de rendre au chant liturgique, dans nos offices
solennels, la place d'honneur qu'il n'aurait jamais dû quitter et à laquelle il a
un droit absolu.

II. — C'est bien. Mais encore, en dehors de cette valeur purement extrin-
sèque, ces couvertures de parchemin, ces rognures de missels, offrent-elles
réellement un sérieux intérêt? Par eux-mêmes, ces fragments ont-ils une véritable importance? En un mot, leur étude et leur examen peuvent-ils fournir
des données qui soient utiles à la cause du chant? — Certainement oui, Messieurs. D'ailleurs, la preuve est faite, et plus d'une fois, ces modestes témoins
des siècles passés sont venus déposer en faveur des découvertes antérieures.
Souvent même, ils ont fait plus, en contribuant à les développer dans une
mesure plus large qu'on ne le croit.

D'abord, parmi les feuillets que vous aurez recueillis de la sorte, il y aura
probablement grande variété sous le double point de vue de l'âge et de la
notation. Généralement, il est vrai, c'est surtout des manuscrits des XIVe et
XVe siècles que vous trouverez; nous en avons dit plus haut le motif. Pourtant il arrive quelquefois que des feuillets des XIe et XIIe siècles vous tombent
sous la main. C'est alors un vrai régal; sans compter qu'en raison même de
leur petit format, le relieur a dû en employer un certain nombre. C'est ainsi
que récemment, d'une seule reliure d'un registre paroissial, j'ai pu retirer
une vingtaine de folios, parfaitement conservés, et provenant tous d'un char-
mant missel plénier du XIIIe siècle. Avouez donc que c'est là une agréable
rencontre. En outre, quand ils remontent à cette date, il y a des chances pour
qu'ils présentent des spécimens curieux de notation : *neumes sans lignes,
neumes-accents, neumes et points mélangés*, etc..., toutes choses excellentes
qui nécessairement nous initient à la science de la paléographie musicale
Vous aurez en outre le loisir de les examiner de très près, car vous obtien-

drez facilement qu'on vous les cède. En tout cas, à moins qu'ils appartiennent à un dépôt public, vous les aurez à bon compte, assurément à meilleur marché qu'une vieille assiette peinte.

Quand un archéologue pénètre dans une bibliothèque pour demander communication d'un ouvrage, il va au plus vite, parcourt son volume à la hâte, et se contente de voir rapidement ce qui l'intéresse; le reste est forcément négligé, faute de temps. Ici, il n'en va pas de même. Je ne sais pourquoi : est-ce par suite du plaisir qu'on éprouve à être possesseur d'un document à soi? c'est probable ; toujours est-il que son étude est pour nous pleine de charmes et nous procure, semble-t-il, une jouissance plus délicate. C'est un petit trésor qu'on interroge avec une sorte d'avidité. Notre esprit n'a pas de repos que nous ne soyons parvenu à nous rendre un compte exact des différentes pièces, rubriques ou autres particularités qu'il renferme. Il y a tant de choses dans un simple *folio* de manuscrit !

Mais supposons que vous vous trouvez en face d'une sérieuse difficulté, les instruments de travail vous font défaut; impossible d'arriver à une solution satisfaisante. Que faire alors ?

A ce sujet, que le comité de la *Schola* veuille bien me le pardonner, j'oserais presque formuler un vœu ! Pourquoi, dans chaque numéro de la *Tribune de Saint-Gervais*, ne réserverait-on pas une place, si restreinte qu'on voudra, à une courte correspondance des abonnés? Ce serait, dans la grande *Tribune*, une petite *chaire* au pied de laquelle tout lecteur embarrassé pourrait venir exposer un doute, ou solliciter un renseignement. Les savants rédacteurs de la Revue, j'en suis sûr, se feraient une joie de rendre service par une réponse de quelques lignes, car, à l'exemple de l'abbé Lebeuf, ils aiment, je le sais, à pratiquer le *Sine invidia communico*. C'est si facile et si bon de s'entr'aider !

Après cela, se présente naturellement la question de provenance. Alors, tout intrigué, on cherche, on a recours à ce qui est de nature à procurer quelque lumière. Pour cela, un travail d'histoire et d'archéologie est parfois nécessaire, et il n'est pas rare qu'on parvienne ainsi à déterminer, avec entière certitude, l'origine du fragment dont il s'agit. Quel plaisir alors, et quelle légitime satisfaction! J'en appelle au témoignage de tous ceux qui sont quelque peu versés dans ce genre de recherches. Un rien suffit pour mettre sur la voie d'une solution,... un détail de notation, de liturgie, une miniature, un ornement, un simple mot mis en relief,... par exemple, le nom d'un saint indiquera de suite de quel côté il y a des chances de succès. Choses insignifiantes ! direz-vous. — Eh bien, non ! Et je persiste à croire que c'est là, au contraire, rendre à la science un service considérable. Non pas évidemment que chaque remarque prise en particulier ait beaucoup de valeur par elle-même, mais imaginez ces recherches entreprises sur une vaste échelle, leurs résultats relevés et classés avec méthode, croyez-vous que ce ne serait pas déjà une œuvre de grande portée? Supposez par exemple que, dans chaque diocèse, un prêtre ou un archéologue s'adonne à ce genre de travail et signale ces vestiges de manuscrits, qu'il en dresse le catalogue, quels documents, quel riche répertoire, quelle mine inépuisable, en un mot, ne mettrait-il pas ainsi à la disposition des savants ? Car ceux-ci viendront après et sauront tirer de toutes ces monographies partielles des déductions importantes et de précieux enseignements. A l'aide de ces données particulières, ils formeront une large synthèse qui, à son tour, permettra de fixer un jour, d'une façon définitive, la géographie et l'histoire des notations, c'est-à-dire d'asseoir sur des bases solides la répartition de la paléographie musicale dans le temps et dans l'espace. Et ainsi s'élaborera insensiblement le tableau complet de toutes les écritures musicales. Tant il est vrai, Messieurs, que la découverte du document sera toujours la première condition de la science !

De plus, qui sait si, dans le cours de vos pérégrinations de musicologues, vous n'aurez pas la bonne fortune de rencontrer des particularités touchant la liturgie locale, le culte de tel ou tel saint de la région, et si vous n'apporterez pas ainsi une importante contribution à l'histoire du culte ou d'un ordre religieux? Qui sait enfin si vous ne fournirez pas quelque document nouveau qui achèvera de préciser l'origine d'une variété de notation, et qui favorisera par là le classement par famille de nos monuments liturgiques? Mais, Messieurs, je vais plus loin, des faits connus m'y autorisent, il n'est pas impossible qu'un jour vous mettiez la main sur un ou plusieurs folios dont l'érudition déplore depuis longtemps la perte. Grâce à vous, peut-être, un manuscrit de très grande valeur, affreusement mutilé, se verra ainsi reconstitué dans son intégrité ! Je le répète, le fait n'est pas inouï.

Mais surtout ce qu'il sera particulièrement curieux de constater, ce qui en même temps excitera au plus haut point votre admiration, c'est la conformité frappante de la notation que vous aurez sous les yeux, avec celle que reproduisent les livres bénédictins, d'après la version des manuscrits. Les détails les plus minutieux de cette écriture musicale seront là, devant vous, parlant avec une précision, une netteté qui vaudra toutes les discussions possibles. Quel plaisir, par exemple, de retrouver toujours et partout la présence de groupes de notes surmontant certaines pénultièmes brèves ! Si vous prenez la peine de confronter sur ce point vos documents avec l'édition de Solesmes, quel ne sera pas votre étonnement de n'avoir aucune différence à noter ! A peine si, de loin en loin, apparaîtra une variante légère. Et alors vous serez armés pour la controverse; vous aurez en mains des preuves palpables, des témoignages indiscutables à opposer à ceux qui poussent encore les hauts cris quand on leur chante plusieurs notes sur une syllabe prétendue brève.

Autre constatation. Vos fragments sont-ils d'une bonne époque, des Xe, XIe et XIIe siècles, et même plus récents : vous vous plairez encore à considérer avec quelle scrupuleuse exactitude les compositeurs usèrent des notes liquescentes. Remontent-ils au contraire bien moins haut, aux XVe et XVIe siècles : vous serez amenés alors par leur examen, à suivre de près la décadence progressive de la notation. Vous assisterez, pour ainsi dire, à la corruption du chant liturgique. Les groupes de notes, en cessant de maintenir intactes leurs formules primitives, produiront ces écarts qui, peu à peu, ont dénaturé la ligne mélodique, et par le fait même, favorisé cette exécution barbare que tout le monde déplore aujourd'hui, et qui n'a pas encore, hélas ! complètement disparu.

Ainsi vous lirez vous-mêmes, écrite sur les manuscrits, imprégnée en quelque sorte dans le parchemin, l'histoire de la ruine et de l'abandon de l'antique cantilène grégorienne.

Par contre, en présence d'une notation parfaite, vous offrant cette uniformité, cette absolue ressemblance avec les documents plus considérables, vous éprouverez la joyeuse surprise que ressent si vivement tout fervent archéologue. « *Au moins*, vous direz-vous, *voilà un manuscrit qu'on n'a certainement pas consulté pour préparer la remarquable édition de Solesmes !* »

L'ensemble de toutes ces remarques personnelles ne peut qu'accentuer encore votre admiration pour l'œuvre si vaillante de la restauration du chant religieux. Alors, n'est-il pas vrai? vous vous prendrez d'une ardeur nouvelle pour travailler, dans votre milieu, et selon les moyens dont vous disposez, à étudier de plus en plus ce mouvement de retour à l'art si pur du chant de l'Eglise.

Oui, Messieurs, qui que nous soyons, savants ou simples chercheurs, apportons chacun notre petite pierre à la restauration de l'édifice grégorien. Mais rappelons-nous que tous ces travaux, ces écrits, ces recherches, sont ordonnés à une noble fin; que cette restauration matérielle n'est qu'un acheminement vers un but sacré; qu'il manque, en un mot, à ce majestueux édifice un digne couronnement. Cette perfection, Messieurs, ce but élevé qu'à tout prix il faut atteindre : c'est la pratique du chant, remise en honneur parmi les fidèles; c'est l'exécution de nos saintes mélodies réalisée, autant que possible, dans une plus large proportion, par l'assistance tout entière, durant nos offices publics.

D'ailleurs, vous le savez, c'est là un des plus chers désirs de l'Eglise, c'est l'idéal qu'elle poursuit et voudrait tant voir réalisé. Que la hauteur de la tâche ne nous effraie pas! Pourquoi désespérer de voir revivre un usage autrefois universel? Nos pères, pendant certaines parties de l'office, chantaient à l'église, imitons-les. Le plus difficile est fait. Des exemples nombreux ne sont-ils pas là, à côté de nous, qui devraient nous donner espoir et courage? Partout où l'on a pris quelque soin de cette branche si importante de la liturgie, partout où l'on a fait de généreuses tentatives en ce sens, on en a été amplement récompensé. Du reste, Messieurs, ce noble but est trop à la gloire de l'Eglise pour que Dieu ne féconde pas de ses bénédictions même nos plus petits efforts. A l'œuvre donc ! car enfin, ne l'oublions pas, la participation active au culte public sera toujours, comme elle le fut jadis, l'aliment le plus substantiel de la vraie piété. La prière chantée en commun, la prière vraiment liturgique redeviendra une des meilleures sauvegardes de la foi, en même temps qu'un de ses soutiens les plus puissants.

Laus Deo !

L'abbé H. VILLETARD.

Dom J. PARISOT

Essai d'application de Mélodies orientales à des Chants d'église

ESSAI D'APPLICATION DE MÉLODIES ORIENTALES
A DES CHANTS D'ÉGLISE

En acceptant de M. Bordes de faire entendre ici quelques airs orientaux pourvus de paroles françaises, je pouvais simplement les confier aux chanteurs qui se chargeaient de les mettre en valeur et de vous les faire dignement apprécier. Cependant, il ne sera pas sans intérêt de vous dire comment ces mélodies exotiques appartenaient par avance à la *Schola*, et de justifier par là l'audition qui va vous en être donnée. Ensuite, il y aura lieu de vous soumettre quelques remarques sur la tonalité et le rythme de ces airs.

I. Dans toutes les églises orientales, on chante, autrement que parmi nous, il est vrai, mais enfin on chante beaucoup, à ce point que la psalmodie sans note y est à peine reçue: et dans le grand nombre de mélodies formant ces divers répertoires, il s'en trouve d'une inspiration musicale élevée, d'un caractère très digne, comme on a pu s'en convaincre lors d'une première audition donnée à Paris, en 1897, par les soins de la *Schola*. En cette circonstance, M. Bourgault Ducoudray, dont les travaux nous avaient guidé dans cette voie de recherches musicales, reconnut immédiatement l'utilité pratique à retirer de certaines de ces mélodies, en dehors de l'intérêt scientifique, d'ordre plus général, réservé aux théoriciens, et demanda pourquoi l'on ne ferait pas de ces chants d'église syriens ou chaldéens des cantiques d'église français, qui enrichiraient heureusement notre répertoire en se substituant à maintes productions indignes d'être entendues à l'église et dont nous déplorons souvent l'emploi, pour ne pas dire la faveur.

Faire droit à cette demande, c'était reconnaître en justice l'encouragement et l'appui efficace donné ici-même à mes précédentes recherches.

Beaucoup de ces mélodies sont susceptibles de recevoir des paroles françaises: mais encore ne faut-il adapter à notre usage que celles qui ne présenteront, dans leur rythme comme dans leur tonalité, qu'une manifestation artistique en rapport avec le milieu auquel on les destine. C'est pourquoi le plus grand nombre d'adaptations nous sera fourni par les séries syrienne et chaldéenne de notre collection.

II. Relativement à la tonalité, la première remarque à faire est que ces airs orientaux sont en général composés de peu de notes. Beaucoup n'atteignent pas l'amplitude de sixte. Très peu s'étendent à l'octave.

2° Si nous cherchons dans ces mélodies elles-mêmes leurs principes constitutifs, nous trouvons d'abord que les formules, comme les récitatifs anciens des églises d'Occident, sont assez indécises dans leurs formes pour qu'une finale puisse être impunément substituée à une autre. Ici encore se justifie le fait que l'élévation de la corde de récitation amène une modulation mélodique ou changement de tonalité. Une mélodie, développée sur différentes cordes tonales, peut n'appartenir à aucune de celles-ci avec précision, et se terminera sur une autre note que celle qui semblait s'imposer au début. La *tonique*, devenue pour nous le fondement de l'harmonie, n'est donc pas l'élément nécessaire et déterminant de la mélodie, et il n'en faut pas faire l'unique principe des classifications modales. Il y a parité entre l'analyse mélodique de nos airs orientaux et celle des mélodies grégoriennes anciennes. Les présenter les unes et les autres, telles qu'elles sont en réalité, indépendamment de toute règle ou théorie préconçue, est une question de probité musicale. En modifier l'échelle pour la ramener à nos propres gammes, ou même en distinguer le rythme autrement que les chanteurs orientaux ne nous l'ont donné, sous le prétexte de les mieux comprendre ou de les présenter « sous une forme plus complètement artistique », c'eût été fausser les textes, altérer les éléments de la théorie et s'acheminer inévitablement vers l'erreur en cultivant la thèse toute faite et la théorie *a priori*. Or, et c'est une satisfaction de le dire ici, la *Schola*, suivant d'ailleurs l'enseignement du Rme Dom Pothier, a toujours écarté ces procédés, qu'il convient de laisser aux inventeurs de systèmes, dont les mieux constitués peuvent espérer vivre aussi longtemps que leurs auteurs.

3° Comme autre point de ressemblance entre les musiques liturgiques de l'Orient et la nôtre, je relèverai, ne citant que les deux phrases principales, un long chant de procession syrien, dont la division et la coupure sont à rapprocher des antiennes grecques très anciennes que nous chantons encore à la procession des Rameaux.

CHANT DE PROCESSION

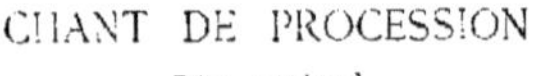

Rite syrien[1]

En revanche, voici un autre fait qui n'a pas son analogue dans l'hymnodie romaine, mais qui le trouverait peut-être dans l'ancien chant gallican ou mozarabe[2].

[1]. *Collection de chants orientaux* (Paris, Leroux, 1899, n° 296, p. 212).

[2]. Cf. Dom J. Pothier, *Hymne du rit mozarabe, pour l'Adoration de la Croix*, Revue du Chant Grégorien, 15 mars 1897, p. 121.

Une de nos mélodies. bien qu'elle soit appliquée. dans l'office syrien de la fête de l'Epiphanie, à un hymne à strophes semblables, n'est pas, comme les hymnes ordinaires. d'une seule teneur mélodique. Au contraire, en raison de la solennité de la fête, la cantilène se modifie par trois fois successives au cours de l'hymne, prenant chaque fois plus d'ampleur et d'élévation. Ainsi, le premier thème se compose uniquement d'une petite phrase modulée dans l'intervalle de quarte autour de la note *si*, soit *la-ré*, et finissant sur cette note de *si*. Le second thème monte, dans l'ambitus d'une quinte, à un degré plus haut. soit *la-mi*, avec *la* pour finale. Enfin le troisième qui, dans notre adaptation, sert de chœur au précédent, prend plus de développement : il s'étend de *sol* à *sol*, soit l'octave, et finit également sur *la*.

Ces caractéristiques de tonalité donnent raison à nos théories modales du chant médiéval. Bien qu'en dehors non pas des principes, mais des théories admises, ces successions ne produisent autre chose qu'une mélodie parfaite en son genre.

III. Grâce à l'application de textes qui respectent entièrement la mélodie, sans ajouter ni retrancher, allonger ni abréger aucun temps ni aucune note. le rythme des airs originaux se maintient dans nos transcriptions; aussi puis-je en relever diverses particularités dont on pourra, si besoin est, se faire des armes contre les partisans de la mensuration à outrance.

Dans les chants orientaux, spécialement dans les hymnes, le rythme le plus fréquent est le rythme binaire, amené par l'alternance des syllabes toniques et des syllabes atones, procédé qui paraît constituer la métrique syriaque. Le rythme ternaire, rythme factice, est produit par l'allongement de l'un des temps de la mesure binaire ou de l'un des pas de la danse. L'allongement a lieu, dans les mélodies orientales, parfois sur le second temps, suivant un procédé fréquent dans notre mensuration européenne: mais plus souvent c'est le premier temps qui est ainsi renforcé, aux dépens du dernier.

Le rythme à cinq temps se rencontre, et l'on peut en suivre la formation régulière dans le premier des textes qui vont être cités. La dernière syllabe de chacune des incises tétrasyllabiques étant doublée, il en résulte un rythme quinaire normal, formé d'une façon semblable au mouvement ternaire indiqué ci-dessus. Une scansion particulière des vers heptasyllabiques, prolongeant de deux temps les trois dernières syllabes, nous donne, dans d'autres mélodies non représentées ici, une autre sorte de rythme à cinq temps, soit quatre croches et trois noires[1]. Mais plus communément les vers de cette mesure forment huit temps, par la prolongation de la syllabe finale, ou neuf temps, si la voix appuie sur les deux dernières syllabes.

Le même procédé d'allongement mène à la mesure à sept temps les incises tétrasyllabiques ou pentasyllabiques, dont trois ou deux syllabes sont doublées[2].

Comme il est aisé de le reconnaître, l'oreille n'est nullement inhabile à saisir les rapports de ces dessins musicaux, dont les combinaisons courtes et nettes s'approprient parfaitement ici à l'expression d'un sentiment grave et doux, du

1. Voir *Collection de chants orientaux*, n° 7, p. 40.
2. Ibid., n° 212, p. 153 et n° 101, p. 90.

même qu'elles apparaîtront, dans d'autres pièces, également propres au mouvement et à la vigueur. Nous en conclurons que les rythmes à cinq et à sept temps sont eux aussi dans la nature, au même titre que la mesure ternaire, et qu'il y a, pour satisfaire le sentiment artistique, autre chose que les mouvements de la marche militaire ou l'uniformité, brutale parfois, des pas de la danse.

J. Parisot.

Quatre chants ont été exécutés au cours de cette communication. Ce sont : 1° l'hymne syrien, mentionné ci-dessus, appliqué aux paroles d'un cantique à la Vierge ; 2° un chant à l'unisson, à deux chœurs alternés, célèbre chez les Maronites (*Collection de chants orientaux*, n° 65, p. 70); 3° un cantique arabe, recueilli à Saïda (ibid., n° 231, p. 169), originairement un air égyptien ; 4° enfin, le chant du φῶς ἱλαρόν arabe des Melchites (ibid., n° 254, p. 182. Voir *Tribune de Saint-Gervais*, mars 1898, p. 58. A. Gastoué, *Le Chromatisme byzantin*, *Tribune*, janvier 1899, p. 12), pourvu d'un texte adapté aux paroles liturgiques originales.

Nous citons ici les trois premiers chants.

I. CANTIQUE A LA VIERGE

HYMNE SYRIEN

II. HYMNE A LA TRINITÉ

MÉLODIE MARONITE

Deux chœurs alternés (unisson)

III. CHANT ALTERNÉ A LA VIERGE

AIR ÉGYPTIEN

Abbé CLERVAL

La Musique religieuse
à Notre-Dame de Chartres

La Musique religieuse

à Notre-Dame de Chartres

L'école de Chartres, si remarquable à tant de titres, le fut spécialement au point de vue de la musique religieuse pendant tout le Moyen-Age. L'antiquité et la splendeur du sanctuaire de Notre-Dame, la puissance de son chapitre, la science de plusieurs de ses évêques, l'affluence de ses pèlerins, y furent naturellement cause que de bonne heure on y attacha de l'importance à la bonne exécution des cérémonies et du chant liturgique. Il fallait que les échos du temple fussent dignes de la Madone qui en était la reine, du clergé qui l'habitait, des foules qui y accouraient ; la musique ne devait pas y céder le pas aux autres arts tels que l'architecture, la sculpture, la peinture, dans le concert harmonieux par lequel tous célébraient à l'envi la Vierge Druidique, la Vierge devant enfanter.

Aussi, nombreux sont les musiciens chartrains signalés dans la suite des âges. Bien que les compositions musicales qu'ils nous ont laissées soient malheureusement trop rares, nous pouvons esquisser une histoire assez remplie de la musique sacrée à Chartres. On nous pardonnera d'en emprunter les principaux traits aux ouvrages que nous avons publiés sur les *Ecoles de Chartres* au Moyen-Age et spécialement sur l'*Ancienne Maîtrise de Notre-Dame de Chartres*[1].

Cette histoire se divise naturellement en deux périodes, l'une qui précède le XIVᵉ siècle, l'autre qui le suit.

I

Avant le XIVᵉ siècle, le moment capital de la musique religieuse est incontestablement le règne de Fulbert au XIᵉ siècle ; mais elle apparaît dès le

---

1. *Les Ecoles de Chartres au Moyen-Age*, par M. l'abbé Clerval. — Paris, Picard, 1895, in-8°, xxxv-572 p.
L'Ancienne Maîtrise de Notre-Dame de Chartres, du Vᵉ siècle à la Révolution. — Chartres, Garnier, in-8°, xxiii-366 p.
Ajouter-y *Un manuscrit chartrain du XIᵉ siècle*. — Chartres, Garnier, 1893, in-4°, xxxi-266 p.

VIe siècle et se retrouve florissante aussi, quoique un peu reléguée en arrière, au XIIe et au XIIIe.

Au VIe siècle, c'est déjà un évêque qui porte le renom de musicien; sain Calétric, qui siégea de 550 à 567 environ, est loué par Fortunat, dans l'épitaphe en quatorze distiques que ce prêtre lui a consacrée, surtout de sa voix harmonieuse et de son habileté à jouer des instruments. « Dans ce tombeau, dit Fortunat, reposent des membres saints : *ci-gît une langue plus douce que le miel;* son visage était beau, son cœur délicat et infiniment bon, *sa voix suave et pleine des oracles divins... Il chantait les psaumes avec d'harmonieux accents et faisait retentir les louanges de Dieu sur les instruments sacrés*[1]. »

Calétric était le disciple et le successeur de saint Lubin, à qui l'on attribue l'organisation définitive du chapitre. Cet évêque fixa, dit-on, le nombre des clercs à soixante-douze et les astreignit à la vie commune et à l'étude. Il est probable que c'est à cette réforme que l'on doit rattacher la culture de la musique religieuse à Chartres. Calétric, en effet, paraît avoir eu des successeurs aussi habiles que lui. Bethaire et Lamégesil furent, avant de monter sur le siège épiscopal, archichapelains des rois mérovingiens. Or, cette fonction consistait non seulement à garder les reliques de la chapelle royale, mais encore à diriger les chants sacrés, dont les princes étaient très avides. Ces évêques avaient donc fait dans leur jeunesse, au sein de l'église chartraine, de sérieuses études musicales. On dit d'ailleurs que le grand précepteur des écoles d'alors, le vénérable Chermir, était très adonné *au service divin,* expression vague en apparence, mais qui, rapprochée des traits précédents, semble bien indiquer que ce maître enseignait l'art qui embellit le plus l'office, c'est-à-dire le chant liturgique[2].

Les documents se font rares pour les siècles suivants; ils laissent cependant entrevoir qu'il y eut toujours auprès du sanctuaire une école d'enfants voués au culte. « Hérifroid, plus tard évêque d'Auxerre, dit le moine Paul, fut consacré par ses parents *au service de Dieu et de la bienheureuse Vierge Marie,* dans la ville de Chartres dont ils étaient originaires. Ils le tonsurèrent avec un grand bonheur. Instruit pendant quelque temps dans les études libérales, il acquit de grandes connaissances littéraires[3]. » Puis il se rendit à l'école du Palais, dont son oncle Gauthier était le directeur. Je passe le diacre Frotging, qu'une charte du IXe siècle dit avoir été élevé noblement dans le berceau de l'église de Chartres[4], et j'arrive à un siècle où les documents, plus nombreux, montrent l'école musicale à son apogée : il s'agit du XIe siècle.

Ce siècle est celui de Fulbert. Ce grand évêque, qui fut appelé la lumière des Gaules, le Docteur des temps modernes, et mérita dans toutes les sciences une renommée sans égale, frappa surtout ses contemporains par sa connaissance du chant. On parla sans doute de l'art avec lequel il avait rebâti son église incendiée, mais on signale plus encore les nombreuses mélodies qu'il y fit exécuter, et par lesquelles il la rehaussa grandement, comme s'exprime Guillaume de Malmesbury : *musicis modulationibus crebro extulit.*

---

1. Fortunat. Migne, *P. L.,* t. 88, col. 159.
2. *Ecoles de Chartres*, pp. 9 et 10.
3. Ibid., p. 15.
4. Op. cit., p. 17.

Elles étaient composées, dit le même auteur, sur des airs célestes : *cantus celestia vota sonantes*. Où avait-il puisé les éléments de sa science musicale ? Etait-ce à Rome, où il avait passé sa jeunesse, ou à Reims, d'où il était venu comme Herbert ? Nous ne le savons. Quoi qu'il en soit, il composa, avec le roi Robert, disent quelques-uns, les trois répons si célèbres de la Nativité : *O stirps Jesse ; Solem justitiæ ; Ad nutum...* Lebeuf les trouvait si beaux qu'il les inséra dans l'Antiphonaire de Paris, et les Bénédictins de Solesmes les ont aussi repris. Nous avons retrouvé naguère et publié, avec la collaboration de Dom Pothier, la notation primitive de l'office de saint Gilles, dont il fut aussi l'auteur. Nous savons qu'il écrivit plusieurs autres morceaux tels qu'un *Kyrie* farci, des hymnes et des proses pour la Trinité et la Dédicace, lesquels se voient encore dans les anciens missels [1].

Fulbert était entouré d'hommes qui rivalisèrent avec lui d'amour pour le chant sacré. Même à distance, ils se préoccupaient de la bonne exécution des offices liturgiques à Chartres. « Est-ce que mes condisciples chantent mieux que d'habitude les heures canoniales ? demandait à Fulbert un de ses correspondants de Poitiers. *An melius solito celebrent canonicas horas ?* » Les uns chantaient, les autres composaient des mélodies ou jouaient des instruments. L'un d'entre eux, qui avait été condisciple du grand évêque à Reims, fit grand bruit de son temps ; il s'appelait Herbert. Avant d'être moine de Saint-Père et de devenir abbé de Lagny, il était entré dans le clergé chartrain. Là, dit la Chronique de Fontenelle, il brillait entre tous par sa connaissance des lettres, *son talent musical* et la *beauté de sa voix*. Les autres musiciens chartrains avaient eu Fulbert pour maître. Sigon, l'un de ses élèves favoris, fut un chantre fameux, *cantor annominalissimus*, comme dit son obit.

Arnoult, son ami et son successeur comme chantre, était si estimé que les moines de Saint-Evroul lui firent composer l'office de leur saint patron et envoyèrent auprès de lui deux de leurs frères pour en recueillir les intonations de sa bouche. C'est Orderic Vital qui rappelle ce trait. D'autres disciples de Fulbert portèrent au loin la renommée musicale de son école. Rainaud d'Angers fut chargé de refaire les anciens répons de Saint-Florent de Saumur, parce qu'il avait été, dit la chronique de ce monastère, *l'élève du grand Fulbert*.

Sigon de Saumur, Olbert, abbé de Gembloux, Angebran, abbé de Saint-Riquier, rédigèrent aussi différents offices de Saints. Citons encore Raoul *Mala Corona*, moine de Saint-Evroul, puis de Marmoutier, Adelman, écolâtre de Liège, puis évêque de Brescia [2].

Parmi ces virtuoses, plusieurs, non contents de chanter et de composer, s'accompagnaient des instruments. En tête de sa poésie *De Philomela*, Fulbert lui-même fait appel à la lyre, au monocorde et à l'orgue. Adelman récite sa complainte sur ses disciples défunts au son des instruments harmonieux, *harmonicæ facultatis aspirante gratia*. Hildegaire se connaît au luth de Pythagore : *fidibus indulgebat pythagoricis*. Enfin, Sigon, le chantre fameux, n'avait pas son pareil pour l'orgue : *singularis organali regnabat in musica* [3].

Quelques-uns entendent ce dernier texte de la musique organisée, *organali*,

---

1. *Un Manuscrit chartrain*, pp. 198-229. — Migne, *P. L.*, t. 141, col. 348 à 351.
2. *L'Ancienne Maîtrise de Notre-Dame de Chartres*, p. 12.
3. Ibid., p. 12.

c'est-à-dire du contrepoint. S'il est douteux que Sigon ait cultivé ce genre d'harmonie, il paraît certain qu'un autre disciple immédiat ou médiat de Fulbert, Francon de Cologne, en exposa la théorie dans deux traités de la plus haute importance pour l'histoire de la musique au Moyen-Age. Dans son *De Cantu mensurabili* et dans son *De Diaphonia*, il montra pour la première fois comment on pouvait chanter en plusieurs parties et comment les notes de chaque partie, au lieu d'être plaquées l'une sur l'autre à des intervalles toujours égaux, pouvaient s'accompagner à des intervalles variés avec des valeurs et des mesures différentes. Cet élève de l'école de Chartres jetait dans ces deux ouvrages les bases non seulement du déchant, mais de toute la musique moderne [1].

C'est de son temps d'ailleurs qu'un artiste inconnu, peut-être Herbert, écrivit, dans un manuscrit appartenant à l'abbaye de Saint-Père, deux lignes de contrepoint où les parties vont en sens contraire, les plus anciennes peut-être que l'on connaisse. Ce manuscrit intitulé *Musica Enchiriadis,* dont la *Paléographie musicale* a reproduit une page, appartient à la bibliothèque de la ville de Chartres. On voit encore, dans cette bibliothèque, un graduel du Xe siècle provenant de la cathédrale, que les auteurs de la même *Paléographie* estiment très précieux pour l'étude de la diastématie : « La superposition des groupes entre eux, disent-ils, y est observée dans une large mesure. Les intervalles précis n'y sont pas encore exactement gardés, mais du moins à un groupe méthodiquement aigu, correspond ordinairement une formule neumatique plus élevée dans l'écriture : ce qui facilite beaucoup le déchiffrement de cette notation [2]. »

Nous ne pouvons répéter ici les différentes observations que Dom Pothier a faites sur l'office de saint Gilles composé par Fulbert, tant au point de vue de la notation que de la mélodie. D'après lui, la notation constamment employée dans les manuscrits chartrains est la notation de transition, se composant d'accents et de points détachés. D'après le même, Fulbert suit, dans la succession des tons, certaines règles étrangères au style grégorien et propres à l'école française depuis Alcuin [3].

Nous avons le regret de ne pouvoir insister sur ces côtés techniques de l'écriture et de la composition musicale à Chartres. Nous en sommes empêché par la rareté des livres liturgiques du XIe siècle. Nous voyons bien dans le Nécrologe que le prévôt Guillaume légua à l'église de Chartres un antiphonaire décoré d'argent, un missel et un beau martyrologe ; que Raimbaud et Restald laissèrent aussi chacun un missel. Mais ces livres ont disparu, sauf le martyrologe de Guillaume, où se trouve précisément l'office de saint Gilles.

Nous avons gardé différents recueils de ce temps où se trouvent de courts traités de musique, généralement empruntés à Boèce ; mais ces traités étaient d'ordre absolument théorique et mathématique : ils n'avaient aucun rapport avec le chant pratique, le seul qui nous intéresse beaucoup, celui qui passionnait surtout nos écoliers du XIe siècle.

Le mouvement imprimé par Fulbert à la musique dut conserver son intensité après lui, sous saint Yves et dans l'école si fameuse du XIIe siècle.

<hr>

1. *Les Ecoles de Chartres*, p. 90.
2. *L'Ancienne Maîtrise*, p. 13.
3. *Un Manuscrit chartrain du XIe siècle*, p. 225.

Nous ne parlerons pas des chants composés par les écoliers chartrains sur leurs besoins financiers, ni des cantiques de Gilbert sur la Trinité, ni des chants voluptueux de Pierre de Blois, parce qu'ils sont perdus et qu'ils appartenaient à la musique profane. Quant à la musique sacrée, elle fit rapidement son évolution.

On voit cette musique représentée dans le portail occidental bâti vers 1150, au milieu des arts libéraux, sous la forme d'une matrone frappant sur des clochettes. On sait que cette représentation sculpturale de la musique est une des plus anciennes.

La notation des livres liturgiques sous l'action de Gui d'Arezzo se perfectionna promptement. On n'a plus malheureusement l'Antiphonaire, ni le Graduel des chantres Gerogius, Guérin et Raoul, morts au XIIe siècle ; mais le missel gardé sous le numéro 520 et qui se place de 1180 à 1230 contient déjà la portée à quatre lignes [1]. Nous possédons encore la délicieuse *Épitre farcie des saints Innocents*, œuvre du XIIIe siècle que nous avons publiée avec la collaboration de Dom Pothier à la fin de l'*Ancienne Maîtrise*.

Un vieil auteur rapporte de plus que la musique fut introduite à Chartres sous l'évêque Robert vers 1155 ; il veut dire sans doute que le déchant y prit un grand essor. Ce fut à l'occasion du développement pris à cette époque par le déchant, que l'on vit alors se détacher des chapitres et des écoles les groupes distincts des enfants et des chantres. Les premiers, chargés ordinairement des parties hautes, étaient de jeunes clercs acolytes : on les appelait *pueri acolythi, clerici, clericuli* ; bien qu'ils fussent peu nombreux, quatre ou cinq au plus, ils étaient dès 1119 instruits et gardés par deux prêtres auxquels le pape Calixte II affecta une prébende. Ces maîtres, sous la direction du chantre ou du recteur des grandes écoles, faisaient répéter aux enfants deux leçons de matines et le *Benedicamus Domino*, dont le règlement de 1297 nous apprend qu'ils étaient chargés [2].

Les chantres, auxquels incombait le chant des petites heures et des psaumes, apparaissent un peu plus tard, au commencement du XIIIe siècle.

Le chanoine Geoffroi de Poncé, en souvenir de son éducation première dans l'église de Chartres, institua six clercs en 1225, pour *chanter et psalmodier à toute heure de jour et de nuit dans l'église*. Ces clercs devaient être nos premiers chantres. Avec les chanoines et les enfants, ils constituent le chœur de l'église au XIIIe siècle [3].

Joignons-y les organistes : dès lors, en effet, les orgues jouaient un grand rôle dans les offices, puisque saint Louis passant à Chartres, à une époque où l'excommunication réduisait ces instruments au silence, demanda au chapitre de vouloir bien les faire retentir en son honneur [4].

Ainsi, dès le XIIIe siècle, le chant liturgique avait tous ses organes dans l'église de Chartres ; il y était exécuté assidûment. Il nous reste à montrer ce qu'il devint du XIIIe siècle à la Révolution.

1. *L'Ancienne Maîtrise*, p. 28.
2. Ibid., p. 28.
3. Ibid., p. 30.
4. *Cartulaire de Notre-Dame de Chartres*, t. II, p. 187.

II

Nous ne pouvons qu'indiquer brièvement les différents éléments de la vie musicale à Chartres jusqu'à la Révolution, d'après les *Registres capitulaires* et les autres archives de l'église de Chartres. Ce sont d'ailleurs les mêmes que dans les périodes précédentes, mais plus développés et mieux organisés. Le personnel musical se composait du grand chantre et du sous-doyen, du maître de musique, des heuriers matiniers, des enfants de chœur et des joueurs d'instruments.

Le grand chantre avait la surveillance générale du chant à l'église, le sous-doyen celle du chant en dehors de l'église, par exemple dans les processions. Il appartenait à l'un et à l'autre de maintenir les usages liturgiques, et en cas de contraventions graves, d'avertir l'assemblée capitulaire ; mais là se bornaient leurs attributions. Le chapitre se réservait de nommer lui-même tout le personnel chantant, sur la présentation des commis à l'œuvre, et souvent il procédait lui-même à l'examen public des candidats. Il se réservait aussi le droit de blâmer les délinquants, de révoquer les coupables et les incapables, d'admettre à la retraite ceux qui se retiraient. Sous lui et sous la commission nommée par lui se tenaient les maîtres de musique, de qui relevaient immédiatement la préparation des exécutions musicales, l'instruction des heuriers et l'éducation totale des enfants de chœur.

Nous avons fait l'histoire complète de ces maîtres, qui furent les représentants principaux de l'art musical religieux à Chartres, et nous avons eu la bonne fortune d'en dresser la liste presque intégrale[1]. Nous avons vu comment, subordonnés dans le principe aux maîtres de grammaire, ils devinrent leurs supérieurs à partir de 1485 environ. Nous avons vu encore comment, à partir du XVᵉ et surtout du XVIᵉ siècle, ils furent choisis au concours et recrutés non plus seulement dans le clergé local, mais encore dans les églises les plus éloignées. Nous sommes porté à croire que ces modifications intérieures correspondaient à des changements dans le goût général, par exemple à la vogue du contrepoint et de la musique. Quoi qu'il en soit, ces artistes furent quelquefois très célèbres aux XVIᵉ et XVIIᵉ siècles, ils remportèrent des prix importants dans les Puys ou composèrent des Recueils de messes et d'opéras vantés dans leur temps. Qu'il nous suffise de citer Nicole Grousil et Catherin Angenard au XVIᵉ siècle ; Robert Goussu, Jolliet, Vincent Jouet, Bourcy, Bernier au XVIIᵉ ; Hommey au XVIIIᵉ.

Les heuriers matiniers, ainsi nommés parce qu'ils chantaient matines et petites heures, étaient généralement des clercs tonsurés, que le chapitre gratifiait d'une prébende révocable et qui, sous la direction des maîtres de musique, participaient à l'exécution des chants ordinaires et extraordinaires. Leur nombre oscilla selon les époques de 16 à 24. Ils devaient savoir par cœur non seulement le chant, mais encore le texte des psaumes et les leçons

---

1. *L'Ancienne Maîtrise*, l. II, ch. IV.

de matines. En 1305, on les obligea, sous peine d'amende, à réciter de mémoire le Psautier au maître d'alors ; de même, en 1352, on leur rappela qu'ils étaient tenus de chanter les légendes sans lumière, sous peine de perdre leurs casuels de matines. Il leur était prescrit d'assister à toutes les répétitions auxquelles le maître de musique les convoquait et d'obtempérer à ses observations [1].

Au-dessous d'eux se tenaient les enfants de chœur, généralement au nombre de dix. Comme ils étaient chargés des cérémonies de thuriféraires et d'acolytes, cinq ou six d'entre eux seulement prêtaient le concours de leur voix aux offices divins. Une certaine partie des leçons et répons, des graduels, des *O Salutaris*, des psaumes, des litanies, etc., leur étaient propres. On attachait un grand prix à leur organe ; les évêques au XIVe siècle, les princes au XVe et au XVIe siècle, les demandaient au chapitre pour leur chapelle. Les chanoines auraient voulu les garder exclusivement pour eux, mais ils ne pouvaient résister aux puissances qui les sollicitaient. Deux d'entre eux furent enlevés méchamment en 1485. La reine Anne de Bretagne, en 1510, emmena le petit Lefèvre, qu'elle avait entendu dans son pèlerinage. Elle le renvoya au bout d'un an avec une grosse cloche disant : « Vous m'avez donné une petite voix, je veux vous en donner une grosse ». Des demandes analogues furent présentées au chapitre au nom du roi en 1528 et en 1537. Ces enfants étaient aussi invités en groupes aux fêtes religieuses qui se donnaient dans les églises de la ville [2].

A partir du XVIIe siècle, on voit un grand nombre d'entre eux capables de composer des messes ou des motets, et devenant maîtres de musique dans les différentes cathédrales de France. On nous permettra de renvoyer, pour plus de renseignements, à notre histoire de l'*Ancienne Maîtrise de Notre-Dame de Chartres* [3].

Aux heuriers et aux enfants, il faut joindre les organistes et autres joueurs d'instruments. Les orgues, qui existaient, avons-nous dit, dès le temps de saint Louis, furent remplacées en 1349.

Cette année-là on en fit de grandes, et en 1357 on en acheta de petites. Depuis lors, on joua de l'orgue à la plupart des offices ; on envoya fréquemment des heuriers matiniers ou d'anciens enfants de chœur apprendre cet instrument à Paris. Du XVIIe siècle jusqu'à la fin, on exigea de l'organiste qu'il allât donner deux leçons par semaine à la maîtrise [4].

On employait encore au chœur de la cathédrale, du moins à partir du XVIIe siècle, le serpent et le basson, la contrebasse et le violon. C'est en 1655 qu'on acheta les deux premiers de ces instruments. Ils furent tenus d'abord par des musiciens de la ville, puis par des enfants de chœur sortis de la maîtrise ; car le chapitre voulut toujours que l'on apprît ces instruments à quelques-uns de ses plus grands élèves. La contrebasse et le violon apparurent pour la première fois en 1690, dans les messes de sainte Cécile, ou dans celles que chantaient les musiciens du roi lors des pèlerinages de Sa Majesté. Mais les préjugés qu'on avait contre eux ne tombèrent définitivement qu'en 1734. Ils furent aussi tenus d'abord par des laïques : mais en 1779 le chapitre,

---

1. *L'Ancienne Maîtrise*, p. 105.
2. Ibid., l. II, ch. v.
3. Ibid., p. 113.
4. Ibid., p. 121.

désireux de n'avoir que des clercs et autant que possible d'anciens maîtrisiens dans son chœur de chant, les fit enseigner à ses enfants de chœur.

A tous ces exécutants s'ajoutaient de temps à autre, mais très souvent à partir du XVIIe siècle, ceux qu'on appelait chantres passants ou vicariants. C'était des prêtres ou des clercs doués d'un bel organe, et connaissant de beaux morceaux. Ils allaient d'église en église faire montre de leurs talents. Généralement le chapitre leur accordait la permission de chanter à la messe ou aux vêpres, et pour les dédommager leur payait ce qu'on appelait la passade, aumône variant de une à trois livres.

Sablon, historien du XVIIe siècle, résume ainsi l'orchestre de la cathédrale : « Tant le matin que le soir, il y a musique de voix et d'instruments, comme de serpents, de cornets et de flûtes douces avec le plus souvent les orgues venant se joindre, on entend une harmonie qui charme l'esprit des assistants [1] ».

Il y avait par an treize messes à symphonie au commencement du XVIIIe siècle, et dix à la fin : de plus, des messes solennelles avaient été fondées aux fêtes de sainte Cécile, de saint Cloud, de saint Piat. Lors des prières publiques, on ajoutait aux chants ordinaires des motets ou des psaumes en contrepoint, dont les enfants exécutaient la plus grande partie. Beaucoup de fondations stipulaient l'intervention personnelle de ces petits artistes dans les messes d'obits. Chaque jour il y avait, outre les matines, les petites heures et les vêpres, trois messes chantées, la première de la sainte Vierge, la seconde d'obit, la troisième du jour. Aux grandes fêtes, on donnait, le soir, des saluts ou des grâces, et le chapitre veillait toujours à ce que l'exécution fût bonne. Les registres sont pleins de ses observations et de ses rappels. Il n'hésitait même pas à envoyer les jeunes chanoines encore peu au courant de leur métier et les doyens trop ignares s'instruire près du maître de musique [2].

Telle était l'organisation du chant religieux à Notre-Dame de Chartres depuis le XIVe siècle; il faudrait maintenant caractériser ce chant selon les différentes époques et signaler quelques-uns des monuments qui en sont restés. Mais ce travail ne pourrait être encore élaboré, faute d'éléments. Nous voyons très bien que vers 1480, il y eut une recrudescence de ce qu'on appelait le déchant, et que plusieurs élèves furent confiés au maître de musique avec la mission expresse de leur enseigner cet art [3]. Nous voyons que pendant tout le XVIIe siècle les enfants de chœur eurent une faveur très marquée, que Robert Goussu concourut au Puy d'Évreux avec le fameux Roland Lassus, qu'en 1564 on défendit de faire de la musique en dehors des jours accoutumés.

Nous retrouvons des défenses semblables, prouvant l'engouement qu'on avait pour cet art au XVIIe et au commencement du XVIIIe siècle.

Mais en dehors de quelques traités d'orgue, de quelques motets composés par nos organistes et maîtres dans les deux derniers siècles, nous avons peu de documents sur la nature de la musique propre à l'église de Chartres. La musique du maître de chapelle fut dispersée en 1793 et peut-être détruite [4].

Abbé CLERVAL.

1. *L'Ancienne Maîtrise*, l. II, ch. V.
2. Ibid., l. II, ch. VI.
3. Ibid., p. 108.
4. Ibid., p. 125 et 286.

P. AUBRY

Les Jongleurs dans l'Histoire

SAINT-JULIEN DES MÉNÉTRIERS

LES JONGLEURS DANS L'HISTOIRE

SAINT-JULIEN DES MÉNÉTRIERS

Messieurs,

Vous avez visité sans doute, sur les bords de la Seine, cette évocation du passé, où la fantaisie d'un artiste a réuni quelques-unes des caractéristiques du vieux Paris. Dans ce cadre archaïque, nous avons vu des attractions nombreuses, les unes grandioses, les autres simplement excentriques; elles ont duré tantôt plus, tantôt moins. Une pourtant s'est ouverte aux premiers jours de la grande fête et n'a clos ses portes que lorsque les derniers adieux de l'étranger à la France ont, à la date fixée, fermé l'Exposition universelle : je veux parler de Saint-Julien-des-Ménétriers.

C'est une petite chapelle au milieu des lieux de plaisir; étroite, mais, pour charme, offrant au visiteur, qu'ont lassé les exhibitions trop grivoises ou trop vaines, le repos d'un art discret et pur, réel et vivant. C'est là que les Chanteurs de Saint-Gervais ont fait entendre les plus beaux chants de l'Église au Moyen-Age et aux temps modernes : la foule les a applaudis parce que, seuls peut-être, dans cette évocation de siècles lointains, ils étaient à leur place, dans un cadre approprié; ils ont apparu comme les continuateurs des jongleurs d'antan, non de ceux que réprouvait l'Église par la voix de ses conciles et de ses docteurs, mais des bons jongleurs qui chantaient les hauts faits des chevaliers et les louanges de Dieu, les *viellatores Dei*.

Qu'étaient donc ces jongleurs et que fut cette jolie chapelle, qu'ils dotèrent et où ils ont prié? Nous essaierons de vous le dire, car la connaissance du passé est la lumière de l'heure présente pour ceux qui aiment et respectent les traditions.

L'histoire de la jonglerie a passé par trois phases bien distinctes.

Vers le milieu de l'empire romain, au II⁰ et au III⁰ siècle, avant que l'art antique fût tombé au dernier terme de la dégradation, nous savons, par les historiens et par les inscriptions, qu'il existait des collèges d'instrumentistes, parfaitement organisés, avec des statuts, avec un enseignement régulier, où se formaient les artistes qui donnaient leur lustre aux fêtes religieuses, aux triomphes militaires ou aux jeux du cirque.

Puis, au VIIe siècle, après l'époque de leur dissolution, ce qui en survécut ce fut la corporation des artistes ambulants, musiciens, chanteurs, joueurs de farces et pantomimes, pauvres diables réduits désormais à exhiber leurs talents sur les places publiques ou dans la demeure des riches particuliers. On les appelle alors de noms divers : *scenici, thymelici mimi, saltatores, histriones*. L'individualité a succédé à la corporation et durera jusqu'au XIVe siècle : donc, pendant tout le Moyen-Age, nous ne rencontrerons, dans l'histoire des jongleurs, que des individus isolés et n'ayant entre eux d'autres liens que la communauté de profession. Ce qu'il faut remarquer, c'est que cet état de choses est défavorable à la jonglerie. On sait leur rôle au Moyen-Age : dans une lecture que j'ai faite au Congrès d'histoire comparée, j'ai montré que les uns accompagnaient les troubadours et les trouvères pour exécuter leurs compositions lyriques, ils jouaient de divers instruments, chantaient ou récitaient ; d'autres dansaient, d'autres enfin montraient sur les places publiques des singes ou des ours. Leur moralité était médiocre, et l'Église les voyait d'un assez mauvais œil. Pourtant, il y avait de bons jongleurs : c'était, pour employer l'expression de leur siècle, ceux qui *chantaient de geste*, c'est-à-dire qui, par le récit des grandes épopées, racontaient la vaillance des preux, des croisés, des bons seigneurs, chantaient Roland ou Guillaume d'Orange, ou qui célébraient les vertus et les miracles des Saints, en disant des poèmes comme la *Cantilène de sainte Eulalie* ou la *Vie de saint Alexis*.

Il vint un moment, vers la fin du XIIIe siècle, où les bons jongleurs furent bien contrits et bien fâchés d'être confondus avec les mauvais. Ceux-ci avaient tous les vices, pillards, quémandeurs, violeurs de filles, et même fanfarons d'impiété. Ceux-là n'avaient-ils point, avec le talent, toutes les vertus ?

Aussi nous voyons la naïve requête de Giraut Riquier de Narbonne au roi Alphonse X de Castille, lui représentant, au nom des jongleurs, qu'il est injuste de les comprendre tous sous une seule dénomination et de prodiguer ce nom à des ignorants qui s'en iront par les rues, jouant d'un instrument bien ou mal, ou qui chanteront grossièrement dans les places au milieu de la plus vile canaille, mendiant leur pain sans pudeur [1].

S'il nous souvient bien, Alphonse X répondit favorablement à cette requête, mais on ne put transformer la langue ni changer les habitudes, et ceux qui faisaient métier de jonglerie continuèrent à s'appeler jongleurs.

Alors, pour remédier au mal, dans les premières années du XIVe siècle, les jongleurs se réunirent en corporations, comme le faisaient les autres métiers de Paris. C'est la troisième phase de notre histoire. Au lieu d'individus isolés, on trouve à nouveau des corps, des associations régulières, gouvernées par des statuts. Avec ce nouvel ordre de choses commence, à proprement parler, l'histoire des corporations de ménétriers qui s'ouvre par celle des joueurs d'instruments de la ville de Paris, c'est la corporation la plus importante et la plus ancienne de toutes [2].

---

1. *Hist. littér. des Troubadours*, t. III, p. 356.
2. Bernhart, *Bibl. de l'École des Chartes*, III, p. 377-606.

Ce n'est point que, plus anciennement, les jongleurs n'aient, en tant que jongleurs, donné des preuves de leur existence : ils jouissaient, mais d'une façon toute précaire, et cela dès le XIIIe siècle, de certaines immunités. Ainsi, ils s'exemptaient par exemple du péage perçu à l'entrée de Paris, par le Petit-Pont, moyennant un seul couplet de chanson que ces joueurs d'instruments chantaient au péager. « Et ansi tot li jongleur sunt quite por I. vers de chançon », dit Étienne Boileau, dans son *Livre des Métiers de Paris*. On voit le tableau : le bohême vagabond arrive à l'entrée du Petit-Pont, avec un instrument de musique derrière son dos, un singe sur l'épaule et peut-être un ours à la chaîne. Peut-il payer le péage, celui qui loge le plus souvent à l'auberge du bon Dieu ? Non, mais il a le droit de s'acquitter par un couplet de chanson, ou en faisant danser son ours ou grimacer son singe. Et il passe. Le péager n'a pas rempli son escarcelle, mais il a ri, et peut-être avec lui sa femme et ses voisins. Nous y avons au moins gagné le proverbe : *Payer en monnaie de singe* [1].

Mieux encore : dans le vieux Paris du XIIIe siècle, les jongleurs avaient leur rue : la rue aux Jugleeurs. Elle devait son nom aux joueurs de vielle et aux jongleurs qui l'habitaient ; on la trouve mentionnée dès la première moitié du XIIIe siècle sous les noms de *vicus viellatorum, vicus ioculatorum*. On a dit ensuite *rue des Jugleeurs* ou *Jongleurs*, et enfin *rue des Ménestrels* ou *des Ménétriers* ; cette seconde dénomination est, quant à la signification, l'équivalent de l'ancien nom. La rue *des Menestrels ou len tient escoles des menestrels* est citée dans la *Description de Paris sous Charles VI*, par Guillebert de Metz, comme une des rues de la basse partie de la ville : c'est, en effet, aujourd'hui la rue de Rambuteau, entre la rue Beaubourg et la rue Saint-Denis. Un très petit nombre de maisons seulement était sur la paroisse Saint-Josse, le reste était sur la paroisse Saint-Nicolas-des-Champs [2]. Il ne faut pas un grand effort d'imagination pour se représenter le caractère joyeux et bruyant que devait avoir la rue des jongleurs et des ménétriers, surtout quand les affaires étaient prospères.

Enfin, nous trouvons des jongleurs avec ce titre formellement reconnu, celui de ménétriers plus tard, dans les musiciens qui sont attachés soit à la cour des rois de France, soit aux diverses maisons princières. Ce n'est pas une des moindres curiosités réservées à qui parcourt les comptes de l'hôtel que de voir les sommes relativement élevées touchées par eux, tant comme honoraires permanents, que comme gratifications accordées à l'occasion de réjouissances où nos joueurs d'instruments se seraient distingués.

Mais voici que nous touchons à l'heure où les gens de métier se forment en corporations et comprennent la force que donne la solidarité pour la défense de leurs intérêts. Les jongleurs, eux aussi, dans les premières années du XIVe siècle, se sont souvenus qu'ils pouvaient suivre l'exemple des orfèvres et des drapiers, et que, dans une même ville exerçant une même profession, il leur convenait de s'unir pour être mieux défendus, étant mieux représentés.

Le 14 septembre 1321, 37 jongleurs présentent au prévôt de Paris un

---

1. *Le Livre des Métiers*, d'Étienne Boileau.
2. Cf. Geraud, *Paris sous Philippe le Bel*. doc. inéd., in-4°. — Le Roux de Lincy et L.-M. Tisserand, *Paris et ses Historiens*, dans l'*Hist. génér. de Paris*, 1876.

règlement en 11 articles contenant les statuts que la corporation des ménétriers se donnait à elle-même. Nous laissons au lecteur la saveur de ce document administratif en faisant connaître le texte original.

Statuts donnés à la corporation des ménétriers, le 14 septembre 1321, et enregistrement de ces statuts à la prévôté de Paris, le 22 octobre 1341.

A tous ceux qui ces lettres verront : Guillaume Gormont, garde de la prévosté de Paris, salut. Sachient tuit que nous, l'an MCCCXII, le lundi XXII jour d'octobre, veismes unes letres séel-lées du séel de la dicte prevosté contenant cette fourme :

A tous ceux qui ces lettres verront, Gille Haquin, garde de la prévosté de Paris, salut : Sachent tuit que nous à l'acort du commun des menestriers et menestrelles, jongleurs et jongleresses, demourant en la ville de Paris, dont les noms sont ci-dessoubs escrips, pour la réformation du mestier de yceuls et le proufit commun de la ville de Paris, avons ordené et ordenons les poins et articles ci dessoubs contenus et esclarcis, lesquiex les personnes ci dessoubs nommées ont tesmoingné et afermé par leurs sermens estre proufitables et valables à leur dit mestier et au dit commun de la dite ville, lesquiex poinz et articles sont tiex :

I. C'est assavoir, que d'ore-en-avant nuls trompeur de la ville de Paris ne puis alouer a une feste que luy et son compaignon ne autre jongleur ou jongleresse d'autrui mestier que soy mesme ; pour ce qu'il y en a aucuns qui font marchié d'amener taboureurs, villeurs, organeurs, et autres jongleurs d'autre jonglerie avecq eulx, et puis prennent lesquiex que ils veulent dont ils ont bon loier et bon courratage et prennent gent qui rien ne sevent et laissent les bons ouvriers ; de quoy li peuples et les bonnes genz sont aucune fois déçeüs et ainssi le font ou pré-judice du mestier et du commun proufit. Car, comment que ceus qu'il prennent sachent peu, ne leur font il pas demander mendre salaire et a leur proufit et les tesmoingnent autres qu'ils ne sont, en decevant les bonnes gens.

II. Item que se trompeurs ou autres menestriers ont fait marchié ou promis à aler à une feste que il ne la puissent laissier tant comme ycelle feste durra pour autre prendre.

III. Item, que il ne puissent envoyer à la feste à laquelle il seront aloués nule autre personne pour euls, se ce n'estoit ou cas de maladie, de prison ou d'autre nécessité.

IV. Item, que nul menestreurs ou menestrelles, ne aprentiz quelque il soient, ne voisent aval la ville de Paris pour soy presenter a feste, ne a noces pour euls, ne pour autres, et s'il fait ou font le contraire qu'il enchée en l'amende.

V. Item, que nuls menestrieurs aprentis qui voist aval taverne ne puisse louer autrui que lui ne enviter ou amonester ou faire aucune mencion de son mestier ou vil louage par fait, ne par parole, ne par signe quelque il soit, ne par interpointe coustume, se ne sont ses enfants à marier tant seulement ou de qui les maris seroient alés en estrange païs ou estrangé de leurs fames. Mais se l'en leur demande aucun menestrel jongleur pour louer qu'il respondent tant seulement à ceus qui les requerront : « Seigneur, je ne puis alouer autrui que moy mesmes par les orde-nances de nostre mestier, mais se il vous faut menestreus ou aprentis, alés en le rue aus jon-gleurs, vous en trouverés de bons ». Sanz ce que ledit aprentis qui en sera requis puisse nommier, enseingner, ne presenter aucun par especial, et se li aprentis fait le contraire, que ses maistres ou lui soient tenuz de l'amende lequel qu'il plaira miex aus maistres du mestier, et se le maistre ne veult paier l'amende, que le vallet aprentis soit bannis du mestier un an et un jour de la ville de Paris, ou au moins jusques à tant que le maistre ou aprentis aient payé l'amende.

VI. Item, que se aucuns vient en la rue aus jongleurs pour louer aucuns jongleurs ou jongle-resses et sus le premier qui li demanderres appellera pour louer, nuls autres ne s'embate en leurs paroles, ne ne facent fuers, ne facent faires, et ne ne l'appellent pour soi presenter ne autrui, jusques a tant que li demanderres et le premier jongleur appellé soient departis de marchié et que li demanderres s'en voit pour louer un autre.

VII. Item, que ce mesmes soit fait des aprentis.

VIII. Item, que tous menestreus et menestrelles, jongleurs et jongleresses tant privé comme estrange jurront et seront tenuz de jurer a garder les dites ordenances par foy et serment.

IX. Item, que se il vient en la dite ville aucun menestrel, jongleur, mestre ou aprentis, que li prevost de Saint-Julian ou ceus qui y seront establis de par le roy pour mestres du dit mestier et pour garder ycelui. Ii puissent defendre l'ouvrer et sus estre bannis un an et un jour de la ville de Paris jusques a tant que il auroit juré à tenir et garder les dites ordenances et sur les poines qui mises y sont.

X. Item, que nulz ne se face louer par queux ne par personne aucune qui loier ne promesse aucune, ne aucune cortoisie en prengne.

XI. Item, que ou dit mestier seront ordené II ou III preudes hommes de par nous ou de par nos successeurs prevos de Paris au nom du roy, qui corrigeront et punir puissent les mesprenans contre les dites ordenances en telle manière que la moitié des amendes tournent par devers le roy et l'autre moitié au proufit de la confrairie du dit mestier, et sera chascune amende tauxée a X sous parisis toutes les foiz que aucun mesprendra contre les ordenances dessus dites ou contre aucune d'icelles.

Les noms des menestreux, jongleurs et jongleresses qui a l'ordenance dessus esclarcie se sont acordés sont tiex :

Pariset, menestrel le roy, pour lui et ses enfans ; Gervaisot la Guète ; Renaut le Chastignier ; Jehan la Guète du Louvre ; Jehan de Biaumont ; Jehan Guerin ; Thibaut le Paage ; Vuynant Jehanot de Chaumont ; Jehan de Biauvès ; Thibaut de Chaumont ; Jehanot l'Anglois ; Huet le Lorrain ; Jehan Baleavaine ; Guillot le Bourguegnon ; Perrot l'Estuveur ; Jehan des Champs ; Alixande de Biauvès ; Jaucou, filz le Moine ; Jehan Coquelet ; Jehan Petit ; Michiel de Douay ; Raoul de Berele ; Thomassin Roussiau ; Gieoffroy la Guète ; Vynot le Bourguignon ; Guillaume de Laudas ; Raoulin Lauchart ; Olivier le Bourguegnon ; Isabelel la Rousselle ; Marcel la Chartraine ; Liegart, fame Bienviegnant ; Marguerite, la fame au Moine ; Jehane la Ferpière ; Alipson, fame Guillot Guérin ; Adeline, fame G. l'Anglois ; Ysabeau la Lorraine ; Jaque le Jongleur.

Lesquiex poins et ordenances ci dessus esclaircis, les personnes ci dessus nommées ont juré et affermé par leurs seremens et foy, à tenir et garder sanz enfreindre et de non venir encontre par aucune manière et à la poinne dessus dite et avec ce voudrent et accorderent que chascun an les maistres du mestier fussent renouvelés, se ainsi estoit que il ne souffissent au commun des menestreus du dit mestier et au prevost de Paris. En tesmoing de ce, nous, à la requeste et supplication des dessus nommés, avons mis en ces lettres le séel de la prévosté de Paris. Ce fu fait et donné en jugement le lundy, jour de feste Sainte Croiz, en septembre l'an de grâce MCCCXI.

Et toutes les choses dessus dites et chascune pour soy, en la manière que dessus est dit et devisé, nous a greigneur seurté et confirmacion, avons fait enregistrer en nos registres du Chastelet de Paris, l'an et le jour dessus dit [1].

Ces statuts de 1321 laissaient donc de côté bien des points qui intéressent d'ordinaire l'existence d'une corporation : il y avait des abus dans la profession de jongleur, c'était contre eux surtout qu'il fallait sévir et organiser une juridiction ; tel fut le but de cette réglementation.

Nous ne suivrons pas dans son histoire la corporation des ménétriers : les statuts de 1321 furent enregistrés en 1341 à la prévôté de Paris ; depuis, diverses ordonnances de police vinrent, en 1372 et en 1395, édicter quelques dispositions nouvelles ; en 1407, une importante réglementation organisa définitivement la ménestrandie, et, successivement, Charles VII, Louis XI, Charles VIII, Louis XII, François Ier et Louis XIV confirmèrent les statuts de la corporation ; enfin, un édit de 1776, en mettant fin à l'existence de la corporation des ménétriers de Paris, termina aussi son histoire.

C'est tout ce que nous en voulons dire ici, et nous arrêterons maintenant notre attention curieuse sur un joli chapitre de cette histoire, qui nous apparaît enfoui, oublié dans la masse des matériaux du passé comme un camée antique dans une carrière de pierre : nous voulons parler de la chapelle et de l'hôpital

---

1. Paris, Bibl. Nat., fr. 24.069.

Saint-Julien-aux-Ménétriers. Le vieil auteur du *Tableau des Antiquités de Paris*, Du Breuil, qui écrivait au commencement du XVIIe siècle, va nous raconter cette fondation.

En l'an de grace 1528 le Mardy deuant la saincte Croix en septembre, il y auoit en la ruë de Sainct Martin des Champs deux compagnons menestriers, lesquels s'entre-aimoyent parfaictement, et estoient tousiours ensemble. Si estoit l'vn de Lombardie, et auoit nom Jacques Grare de Pisloye, autrement dit Lappe : l'autre estoit de Lorraine, et auoit nom Huet le Guette du palais du Roy. Or auint que le iour sus dits apres disner ces deux compagnons estans assis sur le siege de la maison dudit Lappe, et parlant de leur besongne, virent de l'autre part de la voye vne pauure femme appellee Fleurie de Chartres. Laquelle estoit en vne petite charette, et n'en bougeoit iour et nuict comme entreprinse d'vne partie de ses membres, et là viuoit des aumosnes des bonnes gens. Ces deux esmeus de pitié, s'enquierent à qui appartenoit la place, desirans l'achepter et y bastir quelque petit hospital. Et apres auoir entendu que c'estoit à l'abbesse de Montmartre, ils l'allerent trouuer : et pour le faire court, elle leur quitta le lieu à perpétuité, à la charge par chacun an cent solz de rente, et huict liures d'amendement dedans dix ans seulement. Et sur ce leur expedier lettres en Octobre, le Dimanche de deuant la sainct Denys 1530.

Le lendemain les dits Lappe et Huet prindrent possession dudit lieu, et pour la memoire et souuenance firent festin à leurs amys. Peu apres ils firent faire vn mur, et sur l'entrée vne belle chambre, et au dessoubs des bancs à licts.

Au premier desquels fut couchée la pauure femme paralyticque, et n'en bougea iamais iusque à son decès. Ils ordonnerent aussi que ce lieu seroit d'oresnauant appellé, l'Hospital de S. Iulian et S. Genois.

Et pendit vne boiste à la porte de l'entrée, pour receuoir les aumosnes de ceux qui y auroient deuotion.

Les ménétriers achetèrent en même temps une maison voisine de leur hôpital ; elle appartenait à Etienne d'Aussoire, avocat, qui la leur vendit pour 12 livres 10 sols de rente par an.

Ce furent ces terrains dont ils firent présent à leur confrères des deux sexes, jongleurs, ménestrels, joueurs de vielle, de cor sarrazinois et autres : cette chapelle reçut le nom de Saint-Julien des Ménestriers.

Du Breuil disserte longuement sur l'identité du patron — ou mieux, des patrons, car saint Genest fut l'autre, — que les ménétriers se donnèrent. Il ne relève pas moins de quatre saints Julians : le dernier seul est le bon, son histoire est merveilleuse : après avoir voyagé dans les lointains pays, il s'en revenait chez lui, et, rentrant à son foyer, il trouva deux personnes couchees dans son lit. Il crut à l'adultère de sa femme, et aveuglément les tua toutes deux. Mais, ô douleur ! c'était son père et sa mère, que sa femme avait charitablement logés en son absence. Quand il connut son forfait, il quitta son épouse pour s'en aller en pays inconnu faire pénitence le restant de ses jours. Sa femme ne le voulut point abandonner, et tous deux s'en allèrent auprès d'un torrent fort dangereux à traverser : ils bâtirent un petit hôpital pour recevoir les pauvres et eurent une barque pour faire passer l'eau aux voyageurs. Tandis qu'il s'employait ainsi, Notre-Seigneur Jésus-Christ le visita sous la forme d'un mendiant, et lui annonça miséricordieusement que son péché lui était remis.

L'autre patron des ménétriers fut saint Genest, qui, comédien de profession — un jongleur du paganisme, — remplissait en 286, sous Dioclétien, le rôle d'un néophyte dans une bouffonnerie où les mystères chrétiens étaient tournés en ridicule, quand soudain il déclara qu'une lumière intérieure l'avait éclairé et qu'il était chrétien : il mourut dans les tourments, victime de la foi nouvelle.

Telles sont, pour celui-ci, l'histoire, et pour celui-là, la légende. Les ménétriers charitables avaient donc symbolisé leur double mission en prenant comme patrons deux saints, dont l'un fut comme eux un musicien, et l'autre mérita, lui aussi, le surnom d'hospitalier.

Ils firent faire un sceau, et voici comme Du Breuil le décrit :

En apres ils firent faire vn Seel, pour sceller les quittances des dons et lais qu'on leur faisoit, et autres lettres, lequel estoit de letton rond, et au milieu estoit Nostre Seigneur dans vne nef, en guise de ladre. Sainct Julian en l'un des bouts tenant deux auirons, et à l'autre bout sa femme tenant vn auiron d'vne main et de l'autre vne lanterne. Au dessus de l'espaule dextre de Nostre Seigneur, y auoit vne fleur de Lys. Aupres sainct Julian estoit sainct Genois tout droit, tenant vne vielle comme si vielloit. Et estoit entre deux hommes agenouillez. Autour du seel estoit escript : C'est le sceau de l'Hospital de Sainct-Julien, et Sainct-Genois. Lequel a esté vérifié en Chastellet et à la Cour de l'Official, et scelloient en cire rouge.

Cet établissement fut approuvé par le roi, le pape et l'évêque de Paris : la chapelle fut érigée en bénéfice à la nomination des ménétriers, sous le vocable de saint Georges, de saint Julien et de saint Genest.

Elle était située entre la ruelle appelée la cour du More et la ruelle des Petits-Champs ; son portail donnait sur la rue Saint-Martin, et les maisons destinées à l'hôpital avaient entrée sur les deux ruelles. Elle fut détruite par le vandalisme révolutionnaire. Ce fut une perte réelle, car les descriptions qui nous restent et les croquis que nous avons de la chapelle des ménétriers nous montrent qu'elle fut un bijou de l'art gothique et d'autant plus curieux que dans cet édifice tout convergeait vers une seule pensée, la musique.

Heureusement, un archéologue du dernier siècle, Millin, dans ses *Antiquités nationales*, en donne une minutieuse description que nous reproduisons ici.

La façade de la chapelle de Sainct-Julien étoit très pittoresque : son portail, d'une architecture gothique, très délicate, étoit composé d'une grande arcade, accompagnée de quatre niches.

La frise de l'arcade est remplie de petits anges, délicatement sculptés ; ils sont occupés à jouer de divers instrumens, tels que l'orgue, la harpe, un instrument fait en triangle, et dont les cordes, au lieu d'être perpendiculaires, sont horizontales : le violon, le rebec à trois cordes, la vielle, la mandoline, le psalterion, la musette, le cors, le hautbois, la flûte à bec, la flûte de Pan ou syrinx, les timbales, le luth et le timpanon.

Tous ces anges sont dans de petites niches très délicates, les autres moulures étoient formées par des feuilles de pampre, aussi joliment sculptées que le reste.

Dans la niche à gauche de la porte est la figure de saint Julien.

Quelques personnes ont pensé que la statue de l'autre niche étoit celle de Colin Muset, qu'on dit avoir contribué de ses deniers à la construction du portail ; mais il est plus naturel de penser qu'en face de la statue de saint Julien, on a placé celle de saint Genest, patron des ménestriers et de leur église.

Cette statue de saint Genest est coiffée d'une espèce de toque, et vêtue d'une tunique et d'un ample manteau ; elle tient à la main un violon ; elle a souvent été citée par les antiquaires.

Quand l'hôpital fut construit et la chapelle consacrée, il fallut administrer, et nos braves musiciens se révélèrent excellents administrateurs.

D'abord, l'hôpital. « En cet hospital, nous apprend Du Breuil, lesdits Lappe et Huet mirent vn Clerc nommé Janot Brunel, qui faisoit office d'escriuain, de Procureur et de Gardien de la maison, et si alloit quérir les legs par la ville, n'ayant autre salaire, sinon d'estre logé.

« Ils receurent vne vieille femme nommée Edeline de Dammartin, laquelle s'y rendit du tout, et y apporta ses biens, son office estoit de faire les licts et héberger les membres de Nostre Seigneur, et auoit de pension sur l'hospital dix-huict deniers la semaine : notez en quel prix vil pouuoient estre lors les viures. »

Le bon Du Breuil a raison : ce n'est pas avec dix-huit deniers par semaine qu'on ferait aujourd'hui subsister un hôpital. Celui des ménétriers avait donc comme ressources les aumônes volontaires que les passants déposaient dans le tronc situé devant la porte, les dons que Janot Brunel allait quéter en ville et enfin, dès 1331, lorsque la confrérie des jongleurs et ménétriers se fut constituée, tous, d'un commun accord, promirent de soutenir l'hôpital selon leurs moyens et facultés.

Bientôt on songea à faire mieux, et en 1333, Huet et ses compagnons s'engagèrent à payer pour une durée de quatre années une rente annuelle de seize livres parisis « admortis de tous seigneurs » pour l'entretien d'un chapelain à l'hôpital. Nous donnons, d'après Félibien[1], le texte de cet engagement de dotation, fait par-devant Jehan de Milon, garde de la prévosté de Paris.

Dotation du chapelain de l'hospital de Saint-Julien des Ménétriers

1333

A tous ceux qui ces presentes lettres verront et oiront, Jehan de Milon, garde de la prevosté de Paris, salut.

Scavoir faisons que par devant nous pour ce furent en jugement en leur propre personne Huet le Lorrain, Jacquet le Cloourier gueites du roy nostre sire en son palais de Paris, Perrot de Roan gueite d'iceluy seigneur de son chastel de Petit-Pont de Paris, Jehan de Chaumont gueite dudit seigneur de son chastelet de Paris, Jehan des Chans, Colinet le fiez Parisette des Naquerets, Gaultier Bienvienant et Guille le Froumagier, tous menestriers et confrers d'un hospital ou maison-Dieu, nouvellement fondée et establie de eux a Paris en la ruë de S. Martin en l'oneur et louenge de Dieu, de la sainte Trinité, de N. D., de Monseigneur sainct Georges, Julian, Genois et de toute la sainte cour de Paradis, pour hebergier et recevoir les poures passans et soustenir les malades venant audict hospital par ceux qui pour le temps sont et seront establis a garder, maintenir et gouverner iceluy des biens et des aumosnes qui a iceluy viendront et seront donnez selon la faculté d'iceulx ; lesquels menestriaux et confreres dessus nommez, ez noms de eulx et de tous les autres confreres et consuers presens et avenir dudict hospital que il en leurs propres et privez noms, comme eux-mesmes ont et prennent en main et s'en font fort en toutes choses en ce cas conjoinctement et principalement, chacun de eux pour le tout, sans aucune division faire l'un de l'autre et au mieux apparent, affermèrent et en bonne verité recognurent en dire par devers nous, eux avoir convenancé et encore convenancent expressement a fonder et faire faire bien et souffisamment a leurs propres cous, peril et despens, dedans quatre ans prochains entresuivans, a compter du jourd'huy, dedans ledict hospital en l'oneur et a la louenge dessusdicts une chapelle et a douer icelle dedens iceux quatre ans de XVI livres parisis de rente annuelle et perpetuelle tous admortis de tous seigneurs pour le chapelain perpetuel qui pour le temps est et sera audit hospital institué desdits fondateurs ou du patron a qui il appartiendra, pour faire et

1. *Hist. de Paris*, t. V, p. 648.

celebrer illec et en ladicte chapelle sans cesser les offices divins et tout ce qui y appartient bien
devotement et duement a la maniere accoutumée ez eglises parochies ou hospitaux maisons
de Dieu de Paris et avecque ce a rendre et payer paisiblement et a plain chascun an sans cesser
des ores endroict, jusques a tant que ladicte chapelle soit douée desdictes XVI livres parisis de
rente amortie et assignée bien et souffisamment audict chapelain pour faire et accomplir lesdicts
offices et tout ce qui appartient comme si est dict ; chascun an aux quatre termes a Paris accous-
tumez a un chapelain qui illec est ou sera mis et institué de par eux pour faire et accomplir
lesdicts offices divins, si comme par dessus est devisé, seize livres parisis, a chascun d'iceulx
termes quatre livres parisis. Et ensement acquerre livres et trouver a leurs cous, sans delay,
toutes les choses necessaires qui illec fauldront audict chapelain a faire et accomplir lesdicts offices
divins et tout ce qui appartient et peut appartenir. Et promistrent lesdicts menestriers pour eulx
ez noms dessusdicts si comme dict est, ensemble et chacun d'eulx pour le tout, par leurs sermens faicts de leur bon gré solennellement par devant nous, teuchié as sains evangiles de Dieu,
que eux toutes les choses dessus et dessoulz escrites, de point en point, selon leur teneur, tien-
dront, garderont, enterineront et accompliront sans enfraindre en aucune chose, et que contre
aucune d'icelles, par eux ne par aultre, ne vendront ne venir feront, procureront, consentiront
ne soaffriront a faire tenir quelle que elle fust doresnavant. Et quant a toutes les choses dessus
dictes et chacune garder, enteriner et accomplir si comme dessus est devisé, lesdicts menestriers
conjoinctement et principalement, chacun d'eux pour le tout, ont obligé expressement et soumis
du tout et specialement sans aucune exception de faict ou de droit, eulx, leurs hoirs, tous leurs
biens, les biens de leurs hoirs, meubles et immeubles presens et a venir, quiex qu'ils soient et
en quelconque lieux, a justicier, contraindre, saisir, arrester, lever, exploictier et executer toutes
fois et quantes que mestier sera, a la requeste du porteur de ces lettres, sans autre provantien
porter, avoir et remoustrer sans delay, ne eulx ou aucun appeler par ces lettres enteriner et jusques a plain accomplissement de ces presentes, par nous et nos successeurs prevosts de Paris ou
par quelconque autre justice, une ou plusieurs que ledict porteur voudra eslire, sans nulle autre
justise advouer ni reclamer en ce cas ; et avec ce leurs corps a mener et tenir en prison fermer
oultre le guichet de chastelet de Paris ou ailleurs la où ils seront trouvez, a leurs cous. Et renon-
cierent expressement en ce faict par leurs dicts sermens a convention de lieu et de juge, au bénéfice de division, a tous droicts escriptz ou non escriptz, a toutes coustumes, constitutions,
exemptions, loys et establissemens, a toutes exceptions de fraude, force, lesion, circonvention,
a condicion non deue, ou pour non cause, ou pour cause non juste, a ce que eulx puissent dire
que autre chose ait esté faiste, dicte, escripte ou accordée que ce que dessus est escript et devisé,
au droit disant général renonciation non valoir et a quelques autres choses qui valoir ne pourroient advenir contre la teneur de ces lettres, ni le faict contenu en ces presentes.

En tesmoing desquelles choses dessusdictes nous avons mis en ces lettres le scel de la prevosté
de Paris, l'an de grace M. CCC. XXXI, le mercredi XXIᵉ jours du mois d'aoust.

Signé : ESTIENNE dit *de Maante*.

(Copie sur l'original inventorié, G. 7.)

(Publ. par FÉLIBIEN, *Hist. de Paris*, t. V., p. 648.)

Il y eut un accord passé en 1335 avec le chapitre de Saint-Merry, dont la
chapelle Saint-Julien relevait moyennant 10 livres parisis par an, et le prieur
des Carmes y chanta la première messe.

En 1343, les ménétriers comparurent devant Guillaume Comont, garde de
la prévosté de Paris et firent instituer Henriet de Montdidier et Guillaume
Amy « maistres et gouverneurs en leur hospital S. Julien pour garder,
gouverner, requérir, pourchasser et deffendre tous les biens, causes et besoignes d'iceluy hospital ». Bientôt ces administrateurs se révèlent à nous par
un acte public d'achat de 20 livres parisis de rente à l'œuvre et pour cause de
douaire de la chapelle Saint-Julien.

En même temps Guillaume Amy et Henriet de Montdidier poursuivent
auprès du pape Clément et de l'évêque de Paris, Foulques, l'érection de la

chapellenie en bénéfice perpétuel. Clément VI, par une bulle datée d'Avignon, fit droit à leur requête. Foulques enregistra la bulle et, tout en réservant les droits de la paroisse Saint-Merry, consentit à affecter les 20 livres parisis à cette chapellenie érigée en bénéfice ecclésiastique perpétuel et à l'entretien du chapelain, Jean de Villiers, présenté par les jongleurs.

Il précisa même quelques questions d'administration intérieure, obligeant le chapelain à célébrer tous les jours ou à faire célébrer une messe basse et, aux cinq grandes fêtes annuelles, aux fêtes de la Vierge et à celle de saint Julien une messe chantée ; de même, vêpres solennelles à ces fêtes, obligeant d'autre part les ménétriers à subvenir aux besoins du culte et à loger le chapelain.

Tous ces textes sont très curieux. Nous les donnons ici, toujours d'après Félibien : la lettre de l'évêque contient, en *uidimus*, la bulle de Clément VI, la procuration aux administrateurs de l'hôpital, l'achat des 20 livres de rente au vicomte de Corbeil et les lettres royaux d'amortissement.

Lettres de Foulques, évêque de Paris, concern. la chapelenie de S. Julien des Ménestriers, où sont rapportées les lettres de la fondation et érection de ladicte chapelle, d'acquest de rentes pour icelle et d'amortissement du roi.

1344

Uniuersis presentes litteras inspecturis Fulco Dei gratia Parisiensis episcopus, salutem in eo qui est omnium uera salus. Quanto gregem cui licet immeriti disponente Domino presidemus prospicimus piis et Deo gratis operibus aspirari, tanto reddimur promptiores ut eorum uotis, quantum cum Deo possumus fauorabiliter, inclinemur ; ut per hoc alliciantur similibus et eorum deuotio propensius augeatur. Sane ad nostram accedentes presentiam dilecti filii Guillelmus Anna, fleutator, et Henricus de Montdidier magistri seu gubernatores hospitalis pauperum S. Juliani fundati Parisius in uico S. Martini per ioculatores seu histriones Parisiis electi ad magisterium seu gubernationem dicte hospitalis per ioculatores seu histriones predictos, assistentibus sibi multis ex ioculatoribus et histrionibus supradictis, nobis exponere curauerunt quod ipsi magistri et ioculatores seu histriones feruore deuotionis accensi quamdam capellaniam quam in honore B. Juliani infra dictum hospitale fieri fecerunt pro salute animarum suarum et diuini cultus augmento, de bonis eorum admortisatis, ad opus unius capellani perpetui ibidem diuina officia celebraturi, de XX libr. paris. annui perpetui et admortisati redditus dotare cupiebant et ipsos redditus eidem cappele ad opus dicti capellani iam assignauerunt et dederant et potestatem ad hec facienda habebant, prout docuerunt per quasdam litteras sigillo prepositure Paris. sigillatas continentes potestatem dictorum magistrorum, nec non emptionem, assignationem, donationem et admortisationem reddituum predictorum, quarum tenor inferius inseritur, asserentes insuper quod sanctissimus in Christo pater ac dominus noster D. Clemens divina providentia Papa sextus patronatum seu presentationem dicte capelle ipsis magistris seu gubernatoribus et eorum successoribus concesserat, prout continebatur plenius in litteris apostolicis super dicta concessione confectis, quas nobis exhibuerunt originaliter et quarum tenor inferius inseritur. Unde nobis supplicarunt humiliter magistri seu gubernatores predicti, suo et dictorum ioculatorum seu histrionum nomine, quatenus dictam capellam ut premittitur fundatam et de dictis XX lib. rendualibus dotatam in perpetuum beneficium ecclesiasticum creare et erigere et eam sic creatam et erectam ad eorum presentationem dilecto nobis in Christo Johanni de Villaribus presbytero Suessionensis diocesis, quem presentialiter presentabant, conferre dignaremur, ordinando de seruitio quod idem presbyter et eius successores qui erunt pro tempore dicte capellanie capellani facere in dicta capella et obsequi perpetuo tenebuntur, sicut nobis expediens uideretur. Nos autem ipsos in suo tam laudabili proposito confortare uolentes ac zelantes diuini cultus augmentum, ac desiderantes bonorum que in dicta capellania fient esse participes, uisis ac diligenter perspectis litteris apostolicis et regiis supradictis, consideratisque ac diligenter attentis que fuerint in hac parte consideranda et attendenda et que ad hoc nostrum monere debuerint animum, ipsorum supplicationibus intenti.

I. Dictam cappellaniam fundatam ut premittitur et dotatam in perpetuam capellaniam seu perpetuum beneficium ecclesiasticum ereximus et creauimus, ac presentium tenore erigimus et creamus, et ad dictam capellaniam predictam erectam ut premittitur et creatam, dictum Johannem de Villaribus nobis per dictos magistros seu gubernatores presentatum, ad eorum presentationem admisimus et dictam capellaniam sibi contulimus intuitu pietatis, statuentes et ordinantes quod capellanus qui pro tempore capellaniam obtinebit, nisi in sacerdotem promotus fuerit infra annum a die adepte pacifice possessionis dicte capellanie numerandum, se faciet ad sacerdotium de ordine in ordinem statutis temporibus promoueri.

II. Item statuimus et ordinamus quod quicumque fuerit pro tempore dicte capellanie capellanus, singulis diebus unam missam submissa uoce in solis ortu uel circa ad altare B. Juliani in dicta capella celebrare teneatur, uel per alium presbyterum facere celebrari, exceptis diebus Dominicis festis quinque annualibus et B. Marie festiuitatibus ac festo sancti Juliani quibus festis missa quam celebrabit uel celebrari faciet celebrabitur cum nota, dum tamen dicti magistri seu gubernatores prouideant sibi de clericis uel presbyteris qui ipsum uel pro ipso celebrantem iuuent in cantando cum nota, et dictis iuuantibus ministrent expensas quas pro huiusmodi iuuamine meruerint; alias cum nota minime celebrare teneatur.

III. Item ordinamus quod dictus capellanus et eius successores qui fuerint pro tempore, dictis festis annualibus, B. Marie festiuitatibus, in dicto festo S. Juliani, matutinas et in uigiliis uesperas cum nota cantare uel per alium cantari facere teneatur, dum tamen dicti magistri seu gubernatores ministrent adiuuantes ut supra, alias non teneatur cantare cum nota.

IV. Item ordinamus quod dicti magistri habeant in dictarum missarum, matutinarum, uesperarum et aliis celebrationibus de luminari necessario sui sumptibus prouidere. Preterea predicti magistri seu gubernatores, quo supra nomine, sub ypotheca et obligatione dicti hospitalis sumptibus et expensis predicto capellano pro tempore et eius successoribus qui pro tempore fuerint capellani capellanie memorate sufficientem et bonam hospitationem siue domum iuxta uel prope hospitale predictum assignare teneantur, ut propter loci uicinitatem dicte capelle libentius deseruire ualeat et missam quotidie hora predicta celebrare, quam capellanus predictus inhabitabit, in dicta capellania sua personaliter residendo, ad quam personalem residentiam ipsum adstrictum esse uolumus et decernimus, quam primum dicta habitatio siue domus ut prefertur sibi fuerit assignata, nisi per nos uel sucessores nostros super huiusmodi non residentia dispensetur. Ceterum quia credimus et uerisimiliter opinamur capellaniam predictam augeri debere maioribus et amplioribus redditibus, reseruamus nobis et successoribus nostris episcopis Parisiensibus plenariam potestatem premissis omnibus per nos statutis et ordinatis ut prefertur augendi, interpretandi, declarandi, et si opus fuerit mutandi, sicut nobis uel eisdem successoribus uisum fuerit expedire; per premissa quoque uel aliquod premissorum iuri parrochiali in nullo derogari uolumus, quinimo iura omnia parrochialia in dicte hospitali et eius pertinentiis parrochiali ecclesie reseruamus, prohibentes presentium tenore sub excommunicationis pena capellano predicto et eius successoribus qui fuerint pro tempore, ne in dicto hospitali aliqua sacramenta ecclesiastica absque expressa licencia uel consensu curati in cuius parrochia dictum hospitale est constructum, quouis modo ministrare presumat.

Tenor uero litterarum apostolicarum predictarum sequitur et in hec uerba.

Clemens, episcopus seruus seruorum Dei, ad perpetuam rei memoriam.

Benigno sunt illa concedenda fauore per que diuini cultus augmentum et salus proueniunt animarum. Sane oblata nobis pro parte dilectorum filiorum ioculatorum seu histrionum Parisiensium peticio continebat quod ipsi ducti feruore deuotionis quoddam hospitale pauperum in uico S. Martini Parisiensis et infra illud quandam capellam in honore B. Juliani canonice fieri fecerunt pro salute animarum suarum et diuini cultus augmento dictamque capellam a bonis eorum admortisatis ad opus unius capellani perpetui ibidem diuina officia celebraturi de XX lib. par. annui et perpetui redditus cupiunt dotare; quare pro parte ipsorum fuit nobis humiliter supplicatum ut duobus in huiusmodi menesteriorum magistris per dictos ioculatores et histriones deputandis ius patronatus ciusdem capelle quodque presentare perpetuum capellanum ad ipsa, quotiens ipsam uacare contigerit, ualeant, concedere de speciali gracia dignaremur. Nos itaque uolentes eosdem ioculatores et histriones in uiusmodi eorum laudabili proposito confouere, carissimi in Christo filii nostri Philippi regis Francorum illustris ac eorum ioculatorum et histrionum supplicationibus inclinati, predictis duobus magistris per dictos ioculatores et histriones pro tempore deputandis ius patronatus eiusdem capelle, ita quam primum dicta capella dotata fuerit ut prefertur, idem sic deputati personam idoneam que inibi perpetuo teneatur missam et alia diuina officia celebrare ad dictam capellam, quotiescumque eam uacare contigerit, ualeant episcopo Parisiensi qui est pro tempore presentare, saluo iure parrochialis ecclesie, auctoritate apostolica tenore presentium concedimus de gracia speciali. Nulli ergo omnino hominum liceat hanc paginam nostre concessionis infringere uel ei ausu temerario contraire. Si quis autem hoc attemptare presumpserit indignationem omnipotentis Dei et beatorum Petri et Pauli apostolorum eius se nouerit incursurum. Datum Auenione IV id. Aprilis, pontificatus nostri anno secundo.

Item tenor litterarum sigillo prepositure Paris. sigillatum de quibus habetur mencio, sequitur in hec uerba.

A tous ceux qui ces présentes lettres verront et orront, Guillaume Comont garde de la prevosté de Paris, salut. Scavoir faisons que pardevant nous vinrent en jugement en propres personnes Guillaume Amy fleuteur et Henri de Montdidier maistres et gouverneurs establis des jongleurs et menestriers en l'hospital S. Julien fondé d'iceux à Paris en la rue S. Martin si comme il nous apparut par lettres sceellées du scéel de la prevosté, desquelles la teneur s'ensuit :

A tous ceux qui ces présentes lettres verront, Guillaume Common, garde de la prevosté de Paris, salut. Scavoir faisons que par devant Hugues et Pierre de Montigny clers notaires jurez establis de par le roy nostre sire au Chastelet de Paris et aux choses qui ensuivent faire, ouyr, mettre en forme publique et a nous rapporter et en lieu de nous commis renvoyé pour ce personnellement establis, par advis des nagueres Guillaume Bonnet, guette du palais le roy nostre sire, Jacques l'Anglois, Perrot de Rouen guette du Petit Pont, Guillot le Formagier, Loys le Clostier, guette du palais dessusdict, Johannin le Lorran, Jacques le Massier, Jehan le Vidaux, Lorent l'Escuier, Thomassin Chevalier, Gilles Deusy, Laude de Comua, Guillot de Soissons, Thibaut de Chaumon, Guillemin Frone, Guillaume de l'Aquiterra et Simonet Narmas, tous menestriers et jongleurs en la ville de Paris, si comme ils disoient, affirmerent en bonne verité que eux et tout le commun desdits menestriers, par conseil et deliberacion avoient et ont faict, establi et institué Henriet de Montdidier et Guillaume Amy fleuteurs maistres et gouverneurs en leur hospital S. Julien assis en la rue S. Martin pour garder, gouverner, requerir, pourchasser et deffendre tous les biens, causes et besoignes d'iceluy hospital, et pour faire tout ce qu'a tels maitres et gouverneurs appartient et toutes aultres choses quelconques au nom et pour ledit hospital et par devant lesdicts notaires jurez les dessusdicts tous ensemble comme faisant la plus grande et la plus saine partie dudit commun, encore firent, instituèrent et establirent les dessusdits Henriet et Guillaume maistres et gouverneurs d'iceluy hospital en leur donnant plain pouvoir, auctorité et mandement especial au nom comme dessus de garder, gouverner et deffendre ledict hospital, tous les biens, causes et besognes d'iceluy, de plaidoyer mestier estant, tant comme demandant qu'en deffendant, de faire tout ce qui a plaidoirie appartient, peut et doibt appartenir, de recevoir, pourchasser, requerir, demander et avoir tout ce que deub est et sera audict hospital, de quitter et donner lettres de quittance si mestier est, d'obliger quant a ce que dict est les biens dudict hospital et de faire tout ce que dict est et de tout ce que aux choses dessus dictes peut et doit appartenir promettant ez noms que dessus sur l'obligation des biens d'iceluy hospital de avoir et garder ferme et estable tout ce que par lesdicts maistres et gouverneurs et par chascun d'eux des choses dessusdictes et de leurs dépendances sera faict, dict, ordené, plaidoyé, procuré, recepté et quitté et payer le juge si mestier est. Et en tesmoing de ce nous, a la relacion desdicts notaires jurez auxquels nous adjoustons foy plainière en ce cas et en greigneur, avons mis de ces lettres le scel de la prevosté de Paris, le Dimanche XIX jour d'octobre l'an M. CCC. XLIII.

Affirmèrent en bonne vérité comment iceux maistres et gouverneurs dudict hospital de S. Julien eussent acheté XX l. parisis de rente perpetuelle a l'œuvre et pour cause d'iceluy hospital assis en la rue S. Martin paroisse S. Merry et procuré estre admortis lesdicts XX livres du roy nostre sire, si comme il appert par les lettres d'achapt et d'amortissement sur ce faictes, desquelles les teneurs sont en dessoubs incorporées et pour ce que la principale attention d'iceulx estoit et est d'avoir fondé et procuré a fonder ledict hospital afin que le divin service y fust faict et célébré pour le remède de eulx et de leurs bienfaicteurs audict hospital ; pour ce ils cognurent et confesserent avoir donné et octroyé et delaissé, et des maintenant devant nous donnent, octroyent et delaissent perpétuellement lesdictes XX livres parisis de rente a l'œuvre et pour cause du douaire

et fondation d'une chapelle édifiée dedans les circonférences et metes dudict hospital a l'oneur de
Dieu et de la Vierge Marie et de monsieur S. Julien, laquelle chapelle est essencié en chapelle perpetuelle et benefice ecclesiastique par reverend pere en Dieu M. Fouques par la grace de Dieu
evesque de Paris par le moyen desdictes XX livres assignées par eux en douaire et fondation de
ladicte chapelle pour la substentation d'un chapelain perpétuel estably en iceluy pour le divin
service faire, laquelle chapelle sera du patronage et presentation de deux maitres esleus d'oresenavant par lesdicts jongleurs et menestriers de la ville de Paris et de la collation et institution
dudict evesque de Paris et de ses successeurs, si comme ils confesserent ces choses estre vrayes
par devant nous, lesquels XX livres parisis de rente lesdits maitres et gouverneurs au nom dudict
hospital promirent garentir et deffendre contre tous et envers tous de tous troubles et empeschemens, aux propres cous et despens dudict hospital, toutes fois que mestier sera et a non venir ou
faire venir contre ce que dict est par aucunes cautelles, voyes et malices ou aultrement a jamais a
nul jour ou temps a venir ; et quant a ce fermement tenir et accomplir et pour non venir contre,
lesdicts maistres et gouverneurs ont obligé et par devant nous obligèrent ledict hospital, tous les
biens d'iceluy meubles et immeubles, presens et a venir, a justicier par nous et nos successeurs
prevosts de Paris, et par toutes autres justices subz qui juridiction ils feront et pourront estre trouvez, pour ces lettres du tout enteriner et accomplir, renonçans en ce faict a toute exception de
mal et de fraude d'erreur et d'ignorance, a toute aide, a droict escript et non escript, a toutes
voyes, cautelles, deffenses, raisons, cavillations, oppositions contraires aux choses dessusdictes et
a toutes autres choses de faict, de droit, de lieu, de us et coutumes qui valoir leur pourroient a
venir contre ces lettres et au droict disant generale renonciation non valoir.

1336

La teneur des lettres de l'achat desdicts XX livres de rente est telle :

A tous ceux qui ces lettres verront, Pierre Belagent garde de la prevosté de Paris, salut. Scavoir
faisons que par devant nous vint en jugement Guillemin le Vicomte escuyer seigneur d'Othyolles
et afferma que de son propre heritage il avoit, prenoit et recevoit par chascun an heritablement
LXIV livres parisis de rente annuelle et perpetuelle a deux termes, c'est a scavoir la moitié a la
feste de l'Ascension de N. S. et l'autre moitié a la feste de la Toussains en et sur la recepte de
la vicomté de Corbeille qui est a present et appartient au roy nostre sire, payées par an aux deux
termes dessusdits par la main du recepteur de la vicomté de Paris establi de par iceluy seigneur
le roy, a une foy et a un homage, si comme il disoit, desquels LXIV livres parisis de rente annuel
ledict Guillemin, de sa bonne volenté, sans aucune fraude, force, erreur ou decevance, par le conseil de ses amis, pour son grant proffit evident, reconnut et confessa luy avoir vendu et par non
de pure simple et perpetuelle vente quitté, cessé et du tout a toujours héréditablement transporté
sans aucun rappel aux confreres et consuers de l'hospital de monsieur S. Julien de nouvel fondé a
Paris en la rue S. Martin des Champs XX livres parisis de rente annuelle et perpetuelle a panre
avoir et recevoir doresenavant desdicts confrères et consuers et de leurs successeurs et de tous
ceux qui de eux et de leurs successeurs auront cause au nom et pour ledict hospital pour l'accroissement duquel et afin que le service divin d'oresenavant y soit plus honorablement et plus suffisamment célébré, ils avoient acheté lesdicts XX livres parisis de rente en et sur la recepte aux
termes dessusdicts pour la somme de IX vingt et X livres parisis francs, quittes et delivrez audict
vendeur qu'il avoit eües et receuës d'iceux acheteurs au nom dessusdict en bonne monnoye bien
comptée et bien nombrée ja tournée et convertie a son prouffit, si comme il confesse et s'en tient
a bien payé par devant nous, et d'icelle somme il quitta a tousjours lesdicts confrères et consuers,
ledict hospital et tous autres a qui quittance pourroit appartenir, sans aucunes exceptions, parmy
et pour laquelle somme ledict vendeur cessa et du tout a toujours transporta ez dicts achepteurs
et hospital et en ceulx qui de eulx ont ou auront cause tout le droit, proprieté, possession, sei-
gneurie, saisine et toute autre action reelle et personnelle, mixte, taisible et expresse et toute autre
quelconque qu'il avoit et avoir pouvoit en ladicte recepte pour cause desdicts XX livres parisis de
rente venduës comme dict est, sans riens retenir pour cause de ce ou temps a venir pour luy ne
pour ses hoirs ; et seront et doivent estre prises icelles XX livres de rente toutes les premieres
d'icelles LXIV livres de rente sur ladicte recepte de Corbeil, etc., et d'icelles XX livres de rente
s'est dessaisy et demis de la foy en laquelle il estoit par devers nostre sire le roy, en voulant que
par ledict nostre sire le roy lesdicts confrères et consuers au nom et pour ledict hospital, par

l'ostension de ces lettres, ou le porteur d'icelles soient mis et receups ou receu en la foy et homage dudict nostre seigneur le roy au profit dudict hospital ou des confreres ou consuers d'iceluy, nonobstant quelconques droicts, us ou coustumes de pays a ce contraires, auxquels il renonça expressement par devers nous, ce accordé dudict vendeur par certain convenant obligatoire en ce solennelle stipulation, que doresenavant comment que il advienne il ne pourra avoir, demander ou recevoir lesdites LXIV livres parisis de rente a luy appartenant ou demeurant d'icelles LXIV livres de rente, jusques a tant que lesdicts acheteurs ou leurs successeurs au nom et pour le profit d'iceluy hospital ayent eu et receu chascune ou aux termes dessuz expressez et devisez lesdicts XX livres parisis de rente, n'estoit que ce fut par leur coulpe ou negligence ouquel cas il leur seroit imputé et non pas audict vendeur, promettant ledict vendeur par la foy de son corps baillée en nostre main et par son serment faict aux saincts evangiles de Dieu par devant nous que contre cette vente, transport et quittance ou contre aucune des choses dessusdicts ne vendra, aller ne venir fera a nul jour ou temps a venir, par raison de heritage, de mineur aage et decepvance, ou par aulcun art, engin ou cautele ou autrement que ce que ce soit, en quoy ladicte vente si comme faicte a esté garantira, delivrera ou deffendra a toujours auxdicts confreres et consuers et audict hospital et a leurs successeurs et a ceux qui de eux auront cause a tousjours contre tous et envers tous, franc et quitte et delivré de tous troubles, empeschemens et obligations aux us et aux coustumes de France et a ses propres coust et despens, toutes fois que mestier en sera et en sera requis et rendra et payera auxdicts acheteurs et a leurs successeurs tous coust, domages, interests et despens qui faicts ou encourus seroient par deffault de garantie ou aultrement pour cause des choses dessusdicts sur lesquels il volt et accorda expressement par devant nous que le porteur de ces lettres sera creu par son simple serment sans aultres preuves faire ny action convoquer, ne taxation de juge demander ne requerre, et relasche auxdicts achepteurs toute maniere de denoncer et faire denonciation en jugement et dehors se mestier estoit et leur remist, nonobstant quelconque droicts, us ou coustumes de pays a ce contraires, auxquels il renonce expressement par devant nous ; et pour toutes les choses dessusdictes et chacune d'icelles faire et accomplir de poinct en poinct sans enfraindre ne venir contre, il a obligé auxdicts achepteurs et hospital tous ses biens et de ses hoirs meubles et non meubles presens et a venir. Et apres ce vint en jugement Jehan de Beaulieu escuyer sororge dudict vendeur, lequel de sa bonne volonté, a la requeste d'iceluy Guillemin, avec luy et pour le tout se establit garantisseur de la vente dessusdicte et accomplisseur de toutes les choses dessusdictes envers lesdicts achepteurs pour ledict Guillemin vendeur et s'en charger comme de propre faict et pour sa propre cause et pour ce il obligea auxdicts achepteurs son, ses hoirs, tous ses biens et de ses hoirs, meubles ou non meubles, etc., pour avoir recours sur iceux si ladicte rente estoit empeschée a prendre sur ladicte recepte... En tesmoing de ce nous avons mis a ces lettres le scel de la prevosté de Paris en l'an de grace M CCC XXXVI le Mardy XV avril avant la feste de Pasques.

1337

La teneur des lettres de l'ammortissement desdictes XX livres parisis de rente est telle :

Philippes par la grace de Dieu roy de France, scavoir faisons a tous presens et a venir que comme par tres grande devotion et pour accroissement de service divin et pour faire œuvre de charité, les menestriers de nostre ville de Paris ayant fondé en ladicte ville en la rue S. Martin un hospital en l'honneur de S. Julien pour heberger les pauvres et pour le douement d'iceluy hospital ayent acquis par tiltre de achapt, tant de C. sols parisis que nous leur avons données, comme d'aultres aumosnes que les bonnes gens leur ont données XX livres parisis de rente annuelle et perpetuelle de Guillemin le vicomte de Corbeil, lequel les tenoit en fief noble de nous avec aultres rentes et les prirent par chascun an par la main de nostre recepveur de Paris, à l'usage de l'hospital ; nous, a la requeste desdicts maistres, pour ce que nous soyons personniers en tous les bienfaits qui faicts y seront, avons octroyé et octroyons de grace speciale que les maistres ou gouverneurs dudict hospital presens et a venir tiennent et puissent tenir perpetuellement et paisiblement, en nom et pour cause d'iceluy hospital lesdicts XX livres de rente, nonobstant que elles fussent tenues de nous en fief noble, sans ce que soient contraincts a les vendre ou mettre hors de leurs mains et sans payer aucune finance, laquelle nous quittons de notre dicte grace auxdicts supplians et hospital. Et afin que ce soit chose ferme et stable a tousjours, nous avons faict mettre nostre scel a ces lettres, sauve nostre droict en aultres choses et l'autruy en toutes.

Donné au bois de Vincennes le IV jour du mois de janvier l'an de grace M. CCC. XXXVII. En testmoing de ce nous avons mis en ces lettres le scel de la prevosté de Paris l'an de grace M CCC. XLIV le Mardy XXVII jour du mois de Juillet.

Que omnia et singula scripta ut firma et rata perpetuo maneant, volumus, laudamus et approbamus et nostrum interponi decretum nostra pontificali et ordinaria auctoritate constituimus et ex certa scientia confirmamus. In quorum omnium et singulorum testimonium sigillum nostrum litteris presentibus duximus apponendum. Datum apud Jentilliacum die XXIX. mensis Julii anno Dom. M. CCC. XLIV.

Signatum super plicam : AYMÉRY.

(Pris sur un collationné à l'original par un secrétaire du roy.)

(FÉLIBIEN, Hist. de Paris, tome V, p. 649 et ss.)

La chapelle et l'hopital de Saint-Julien, au milieu de vicissitudes diverses, vécurent jusqu'à la fin de l'ancien régime. Alors la communauté des ménétriers, vint à l'Assemblée Nationale, le 17 décembre 1789, et son président, Périn, prononça le discours suivant, pour faire don de sa chapelle à la nation :

Messeigneurs,

En qualité de commissaires députés de l'ancienne communauté des maîtres à danser de la ville de Paris, nous avons l'honneur de vous apporter et de remettre sur le bureau une délibération prise en notre assemblée du 13 du présent mois, par laquelle nous faisons don à la nation de notre chapelle de Saint-Julien des Ménestriers, dont nous sommes fondateurs et patrons laïcs, et de tous les objets mobiliers et immobiliers patriotiques qui en dépendent.

Nous désirerions, comme bons citoyens, être en état de faire à la patrie des sacrifices plus considérables et plus dignes d'elle, mais nous sommes pauvres, Messeigneurs, et à ce titre, qui est bien puissant auprès des législateurs de la France, nous osons espérer que vous voudrez bien ne pas dédaigner une offrande qui, pour être modique, n'en est que plus pure.

Puisse cet hommage que notre patriotisme et notre profond respect pour cette auguste assemblée et pour ses décrets nous ont seuls inspiré, être regardé comme une nouvelle preuve de dévouement de toutes les classes des citoyens à tout ce qui peut contribuer au salut de l'empire français et au maintien de la prospérité publique.

Hommage funeste! Quelques années plus tard, la fureur révolutionnaire, ignare et brutale, devait anéantir une des plus gracieuses reliques du Moyen-Age, une chapelle qui était plus qu'un sanctuaire, car elle était aussi un symbole de l'art qui, mieux que tout autre, calme la souffrance humaine.

PIERRE AUBRY,
Archiviste-paléographe.

H. QUITTARD

G. CARISSIMI
et le XVIIᵉ Siècle italien

G. CARISSIMI ET LE XVIIe SIÈCLE ITALIEN

Monseigneur,
Mesdames,
Messieurs,

Avant de commencer cette brève causerie, il convient de m'excuser un peu d'en avoir choisi le sujet et, plus encore, de le venir traiter en ce lieu et devant un tel auditoire. Je n'oublie pas en effet que la *Schola*, comme les Chanteurs de Saint-Gervais, ont tiré leur plus beau titre d'honneur du fait d'avoir en quelque sorte ressuscité le bel art polyphonique du XVIe siècle, ces pieuses et savantes harmonies des Lassus, des Vittoria, des Palestrina, qui, si elles vivaient encore en la mémoire des musiciens, avaient du moins cessé depuis longtemps de retentir habituellement sous les voûtes de nos églises et de nos cathédrales. Et voici que l'époque dont je veux essayer de vous entretenir est justement celle où les œuvres magnifiques de l'âge précédent ont cessé de chanter dans la mémoire des hommes. Ce XVIIe siècle italien, si riche en beaux génies, en musiciens à la fois profonds et expressifs, cette époque où naissait et grandissait un art nouveau, a presque oublié la langue que parlait la génération précédente. Oublieux de cette gloire antique, il n'a pas compris la splendeur des créations de ses sublimes précurseurs. Compositeurs et critiques n'ont que du dédain pour ceux qui leur ont frayé la voie, et si le respect humain les empêche quelquefois de formuler des jugements trop sévères, on sent bien, au travers de la modération des paroles, percer leur sentiment véritable.

En voulez-vous des exemples ? Voici Vincenzo Galilei, un des premiers novateurs de l'école de Florence, qui ne trouve pas d'expression assez forte pour son mépris des laborieux efforts de l'art contrapontique, l'art des Goths, ainsi qu'il dit quelque part, qu'il oppose aux belles traditions de l'antiquité, qu'il avait l'ambition de faire revivre. « Sous le flot des barbares, dit-il, toute science s'était éteinte comme si les hommes fussent tombés dans un profond sommeil d'ignorance. Tous vivaient sans désir de savoir, n'ayant de la musique aucune idée, pas plus que des Indes occidentales. Et ils demeurèrent en ces ténèbres, jusqu'à ce que quelques-uns, Gaforio, Glaréan, Zarlino enfin, les princes de la science nouvelle, aient commencé à les sortir de cet aveuglement. »

Et d'autres, plus modérés en apparence, Pietro della Valle par exemple, écrira en 1630, « qu'il admire encore ces ouvrages fameux de Palestrina, à qui la musique dut de n'être point bannie des églises, lors du concile de Trente, mais que de telles choses, si elles sont encore estimées, ne sont plus faites pour l'usage courant. Telles sont, dit-il, ces belles antiquailles dont on ne peut se servir mais qu'il faut garder curieusement en un musée ».

De telles paroles, ici, semblent un affreux blasphème. Nous excuserons cependant l'intolérance indiscrète de pareils jugements et nous n'y voudrons voir que le zèle aveugle des néophytes, enthousiastes des découvertes qu'ils avaient faites et du monde nouveau qui se révélait à leurs yeux pour la première fois.

Plus équitables qu'ils ne le furent eux-mêmes, nous saurons leur rendre justice sans épouser leurs erreurs. L'admiration que nous aurons pour leurs chefs-d'œuvre laissera subsister tout entière celle que nous avions déjà pour ceux qui leur avaient montré la voie.

Qu'est-ce donc que cet art nouveau que le XVII° siècle voit éclore, et en quoi diffère-t-il si profondément de celui qui vient immédiatement avant lui? A ne considérer les choses que par leur aspect extérieur, cette différence reste sensible, et cela, du premier coup. L'art du XVI° siècle est essentiellement polyphonique. Quatre voix ou davantage poursuivent simultanément leur marche indépendante : elles se rapprochent, s'éloignent, se croisent, sans jamais se confondre, ni sans que jamais l'une ou l'autre s'impose, prépondérante au-dessus de toutes les autres. Toutes sont également indispensables : toutes se partagent également l'intérêt expressif, encore que l'expression la plus profonde résulte surtout des accords fortuitement produits par leur union commune. En somme, dans les œuvres les plus achevées que cette école ait produites, on distingue toujours quelque chose de ce laborieux travail de patience, auquel s'astreignaient les premiers *déchanteurs* du Moyen-Age, quand ils s'efforçaient, sans règles ni principes très certains de faire marcher simultanément deux ou trois mélodies différentes, lambeaux de chant grégorien ou thèmes d'invention populaire. Peu à peu, les essais informes de ces laborieux ouvriers de la première heure ont pris figure. Leurs rudes contrepoints, par un constant effort, se sont assouplis. La langue musicale s'est faite plus riche et les chefs-d'œuvre sont devenus possibles. Mais depuis les premières tentatives jusqu'à la fin, le principe n'aura pas varié.

Prenons maintenant telle œuvre qu'il nous plaira du XVII° siècle? La conception, comme la forme, en différera du tout au tout. La musique en sera souvent à voix seule, combinaison que le siècle d'avant semble n'avoir point pratiquée pour autant dire. Mais aurions-nous même affaire à une œuvre à deux ou plusieurs voix, qu'il nous serait toujours possible d'en tirer une à part à laquelle le compositeur a dévolu un rôle prépondérant. C'est à celle-là, la plus haute généralement, que revient le soin d'exposer le thème, la mélodie, c'est-à-dire la pensée de l'auteur en ce qu'elle a de plus essentiel. — C'est aussi la seule qui, avec la basse, soit vraiment nécessaire. Le morceau, réduit à ces deux éléments fondamentaux, existerait toujours, et l'effet, pour simplifié peut-être à l'excès qu'il serait alors, resterait toujours suffisant.

Et cette basse a également changé son caractère. Il ne s'agit plus là, comme tout à l'heure, d'accords — j'emploie ce mot faute d'un plus exact — formés au cours de la marche de parties indépendantes d'un diapason différent. Nullement : la note de basse détermine, de par des règles fixées désormais, certains groupements de sons envisagés par le compositeur comme des entités abstraites, existant par elles-mêmes. En un mot, l'harmonie est désormais créée. La musique jusqu'alors n'avait connu et pratiqué que le contrepoint.

Arrêtons ici ces définitions, qui ont tout au moins le défaut grave d'être un peu trop techniques. Vous allez tout à l'heure entendre quelques fragments de motets ou d'histoires sacrées. La différence radicale qui sépare de telles œuvres des précédentes, différence que mes explications, je le crains, n'ont pu mettre pleinement en lumière, apparaîtra bien mieux par là, pour peu que vous ayez à l'esprit le souvenir présent de quelque motet palestrinien comme terme de comparaison. Et la démonstration, outre qu'elle sera plus claire, vous paraîtra sans doute aussi plus agréable et plus intéressante.

Voici, par exemple, un motet à trois voix de Carissimi, *O piissime Jesu*. Dans la seconde partie de cette causerie, nous étudierons ensemble la vie et l'œuvre de ce grand maître, en qui s'incarne toute cette période. Ce motet n'est peut-être pas très caractéristique, pour se faire une idée parfaite du style propre de Carissimi. Jusqu'à un certain point, si l'on veut, c'est une œuvre de transition. Il retient encore quelque chose des procédés des écoles précédentes, ceux du moins qui n'étaient pas incompatibles avec la nouvelle conception de l'art. A ce titre il est bien choisi pour montrer, mieux que je ne le saurais dire, combien la différence est profonde, puisque avec des ressources analogues, en somme, et des procédés presque pareils, on est arrivé à des résultats à ce point dissemblables.

J'appellerai surtout votre attention, Messieurs, dans ce morceau, sur les passages le plus particulièrement expressifs. Ce n'est pas le lieu de rechercher si de tels efforts de pathétique sont bien à leur place en une musique destinée à l'église. Mais acceptons l'œuvre telle quelle. Si vous la comparez mentalement au fragment que vous voudrez, d'art palestrinien, même très expressif, très dramatique même, si j'ose employer ce mot, vous verrez immédiatement combien l'idéal et la forme ont changé. Rappelons-nous le répons célèbre : *Peccantem me quotidie* de Palestrina, ou bien le *O vos omnes* de Vittoria, et je choisis à dessein ces morceaux d'un sentiment très semblable à celui du motet de Carissimi. L'expression y résulte toujours de l'effet d'ensemble et de la réunion de toutes les voix fondues en une voix unique. Nulle part rien de comparable à ces thèmes qui, chez Carissimi, bien que combinés ensemble en un contrepoint assez serré, gardent toute leur force expressive même isolés l'un de l'autre : tels les passages que je vous signale d'avance, par exemple : *Audite vocem deprecantis*, et encore : *Ut pascar a vulnere*[1].

Comment se fait-il, direz-vous, que les hommes de la fin du XVIe et du début du XVIIe siècle, en possession d'un art aussi parfaitement élaboré que le leur, aussi riche en chefs-d'œuvre et aussi réellement populaire à son épo-

_____

1. Exécution du motet de Carissimi : *O piisime Jesu*.

que de gloire, comment se fait-il que ces hommes se soient, à un certain moment, volontairement privés de toutes ces richesses, qu'ils aient jugé barbare l'admirable monument patiemment élevé par tant de générations?

Les raisons de cette révolution sont multiples. Je vais essayer d'en indiquer les plus importantes.

La musique au XVIᵉ siècle ne se tient plus confinée dans l'église. Si c'est pour les liturgies sacrées que les musiciens écrivent encore ordinairement leurs pages les plus importantes, ils ne dédaignent pas pour cela les compositions profanes. Pour donner satisfaction aux riches amateurs chaque jour plus nombreux, le Madrigal en Italie et la Chanson à plusieurs voix en France, prennent chaque jour plus d'importance. Le madrigal surtout. Sorti de l'école vénitienne d'Adrian Willaert, vers 1530, il se répand rapidement dans toute l'Italie.

C'est une pièce de dimensions variables, assez courtes généralement; le compositeur s'y applique à de courtes poésies et les traite en contrepoint libre, à 3, 4 ou 5 voix. Ces poésies, le plus ordinairement, ne sont pas, à l'instar de nos livrets d'opéras, écrites par des versificateurs un peu sacrifiés d'avance au musicien et résignés philosophiquement à ce rôle secondaire.

C'est dans les plus grands poètes d'Italie que les compositeurs iront chercher le thème de leurs inspirations. Dante, l'Arioste, le Tasse, les plus exquis auteurs de sonnets et de *Canzone* sont les plus fréquemment mis à contribution.

Il est aisé de comprendre combien le style polyphonique était mal adapté à ces œuvres fines et délicates.

Dans l'art religieux, où les sentiments sont simples et généraux, l'inconvénient des entrées multiples des parties, des imitations, des dessins de toute sorte, qui rendent si difficile l'intelligence complète des paroles, se trouvait grandement atténuée, surtout par ce fait que les textes liturgiques étaient familiers à tous. Dans la poésie profane, arrivée alors à un raffinement de forme qui eût exigé de la musique, la délicatesse la plus subtile, le lourd et majestueux contrepoint, « le démolisseur de la poésie », comme l'appelle un contemporain, pèse de tout son poids sur le tissu fragile et le déchire en mille pièces.

Aussi voit-on bientôt se former contre la musique un mouvement de réaction en faveur de la mélodie à voix seule. Il est dirigé par des poètes, des lettrés, des chanteurs, plutôt que par des musiciens, qui avaient conservé malgré tout une secrète faiblesse pour les richesses musicales de ce contrepoint, dont on leur dénonçait tous les jours les méfaits. Le mouvement en faveur de l'art nouveau se dessine un peu partout. Partout, les musiciens cherchent des formes plus simples et plus facilement intelligibles. Il y a tendance chez bien des madrigalistes de l'époque à confier à une seule voix bien définie des phrases mélodiques assez nettes, et à réduire les autres parties au rôle plus effacé de parties d'accompagnement. Les recueils nombreux de *Frottole*, à 4 voix, publiés pendant tout le cours du siècle, trahissent bien cette tendance. Ce sont des sortes de chansons populaires, sur des paroles volontiers assez libres, dont la vogue fut très grande pendant tout le siècle. Les auteurs souvent anonymes ne les ont pas traitées à la mode des musiciens français, qui écrivaient vers la même époque des chansons de cour à plusieurs voix. La mélodie, très bien dessinée souvent et de contours très perceptibles, au lieu de se partager entre toutes les voix, y domine nettement à la partie supérieure.

Beaucoup de madrigaux, qui n'ont rien de commun avec ces compositions, seront conçus de la même façon.

Mais les auteurs de ces pièces n'avaient pas renoncé délibérément à se priver des ressources expressives les plus puissantes que possédât la musique d'alors. Si le style polyphonique domine moins despotiquement en leurs œuvres, s'il condescend à quelques atténuations, il garde tout de même une place importante.

Les novateurs sont encore demeurés de simples opportunistes. C'est au cénacle florentin qu'il appartiendra de se montrer franchement révolutionnaire.

Un noble Florentin, Giovanni Bardi, comte de Vernio, tenait à Florence, vers la fin du XVIe siècle, une sorte d'académie, où se réunissaient régulièrement des poètes, des artistes et des savants. Dans cette société polie, la musique était à la mode. Le maître de la maison lui-même était compositeur, et c'est avec des préoccupations littéraires et archéologiques — ce qui est à peu près la même chose pour des hommes de la Renaissance — que l'on y cultivait l'art des sons.

De quelle façon y était jugée et estimée l'œuvre des maîtres du style figuré, il vous sera facile de vous en faire une idée en vous rappelant ce qu'en disait Galilée, un des principaux artistes qui fréquentaient là.

« L'art des Goths » n'avait pas de plus redoutable adversaire, et c'est lui qui, dans son *Dialogue* de 1588, a en quelque sorte proclamé le manifeste de l'école nouvelle. C'est au nom de l'art antique qu'il a la prétention de parler, comme tous les réformateurs qui, épousant ses idées, l'ont suivi dans la voie où il s'engageait.

Les compagnons de Bardi ont cru travailler à la restauration de la musique grecque, et c'est des idées très inexactes que leur imparfaite érudition se faisait du théâtre antique qu'est sortie la première ébauche de l'opéra et les premiers essais de musique déclamée.

Galilée avait joint l'exemple au précepte. A lui revient l'honneur d'avoir donné le premier exemple de ce *style représentatif*, ainsi qu'on dit tout d'abord, du *style récitatif*, dirons-nous, suivant le terme qui ne tarda pas à prévaloir. Un pareil essai ne nous paraît pas aujourd'hui difficile à l'excès. Cependant, c'était chose toute nouvelle alors que cette déclamation notée pour une seule voix. Bardi et Galilée, travaillant de concert, passèrent, paraît-il, des nuits entières à en arrêter les formules et les lois. Leurs efforts furent enfin couronnés de succès, et Galilée mit en musique une des plus célèbres pages de la *Divine Comédie*, les plaintes du comte Ugolin. Aux réunions du cénacle, s'accompagnant lui-même sur la viole, il chanta ce morceau. Sa voix était belle et expressive, sa musique — laquelle ne nous est point parvenue — pathétique et touchante. Les familiers du comte de Vernio furent transportés d'enthousiasme, mais la tentative souleva au dehors d'âpres discussions et suscita les colères des tenants de l'ancienne école.

Galilée ne s'en tint pas là cependant, et composa également des fragments des *Lamentations* de Jérémie. Mais d'autres l'avaient déjà dépassé.

Deux jeunes musiciens, Jacopo Peri et Giulio Caccini, encore assez peu connus si ce n'est comme chanteurs, étaient au nombre des habitués du salon de Bardi. Ils vont reprendre pour leur compte les essais de Galilée, et en peu d'années ils parviendront à une renommée universelle. Ils auront réussi à créer le drame en musique et à imposer partout, même à l'église, les caractères fondamentaux du style nouveau.

Caccini, dans la préface de ses *Nuove Musiche* publiées en 1601, mais écrites bien auparavant, nous a laissé le récit de ce qu'il pensait de son art et des réformes qu'il avait tentées. Il commence par l'historique de ses découvertes, et rend hommage au comte de Vernio et à la noble société d'artistes et de savants dont il s'entourait. Il nous dit comment il fut encouragé par eux à rejeter une musique « qui ne tient pas compte des paroles et qui lacère la poésie », pour retrouver cette bonne manière des anciens, dont parlent Platon et les philosophes antiques.

Pour lui la musique est faite de trois éléments essentiels : 1° la parole ; 2° le rythme ; 3° en dernier lieu, le son. L'art proprement contrapontique n'admettait pas cette classification et les essais divers tentés pour atténuer les inconvénients restaient toujours imparfaits.

« Ayant donc vu, dit-il, que de telles musiques et de tels musiciens ne savaient donner d'autres plaisirs que ceux de l'oreille, parce qu'ils ne pouvaient émouvoir l'intelligence sans le secours des paroles, il m'est venu à l'idée d'essayer un certain genre où l'on pût comme parler en musique. »

Il écrivit, dans cet esprit, des chants à voix seule, qui furent reçus, comme il le dit sans fausse modestie, « avec d'amoureux applaudissements » dans la société de Bardi. A Rome, où il se rendit vers le même temps, l'innovation eut autant de succès. On n'avait jamais encore entendu, lui avoua-t-on, « chant à voix seule accompagnée d'un simple instrument qui eût tant de force pour émouvoir le cœur ».

Il serait impossible de suivre, par le détail, le développement rapide de l'art nouveau dès qu'il fut sorti de la période, toujours un peu pénible, des premiers tâtonnements. C'est vers le drame lyrique que se sont orientés immédiatement les Florentins. La *Dafné* du poète Rinuccini, avec la musique de Peri, avait été représentée un soir du carnaval de 1597 en une réunion à moitié privée d'artistes et de grands seigneurs. L'an 1600, le 6 octobre, pour les noces de Henri IV et de Marie de Médicis, au palais Pitti, les mêmes auteurs donnaient, au milieu de l'enthousiasme général, l'histoire d'*Euridice*. Enfin un gentilhomme romain, intendant de la musique du grand-duc de Florence, Emilio del Cavalliere, eut l'idée d'appliquer à l'art religieux les réformes des novateurs, et c'est à Rome, la citadelle de l'art ancien, qu'il s'en va porter son œuvre.

Il serait intéressant de nous étendre avec plus de détails sur ces premières années de l'art récitatif. Mais ceci nous entraînerait trop loin et le temps nous presse. Passons donc sur ces préliminaires, encore qu'à peine esquissés, pour prendre l'art arrivé à son point de perfection, entièrement constitué et en possession de tous ses moyens d'expression, dans les œuvres du grand musicien qui sera l'objet de la seconde partie de cette causerie.

Nous avons déjà vu, par l'exemple du motet de Carissimi qui vient d'être chanté, quelle part des anciens éléments mis en œuvre par l'art polyphonique avait été conservée. A côté de ces vestiges du passé, bien déchus de leur importance première, deux éléments nouveaux contribuent à former la trame du discours musical, la mélodie proprement dite et le récitatif.

La mélodie n'est pas encore ce qu'elle sera par la suite, et le caractère général de toute cette musique s'éloigne encore par beaucoup de points de celui de notre art classique. Les œuvres de chants ou d'église de style récitatif ont gardé le rythme libre dérivé du rythme purement oratoire des mélodies grégoriennes. Les barres de mesure, supposé qu'elles fussent d'usage constant, n'ont pas encore assujetti le compositeur à la tyrannie de la carrure. Les accents principaux restent indépendants de la place de la note dans la mesure.

Cet art, qu'on peut appeler primitif, puisque notre musique moderne en est sortie, a su trouver du premier coup la liberté, la vérité, que nous regardons volontiers comme une conquête de notre temps. L'air n'y est qu'une déclamation pathétique : les formes fixes qui s'imposeront bientôt ne sont pas encore codifiées. Les phrases mélodiques y alternent avec les simples récits ; suivant le mouvement dramatique, elles se groupent, se modifient, se répètent. Le sens exige-t-il des reprises : le compositeur en variera suffisamment les passages épisodiques pour que, l'unité de l'ensemble demeurant perceptible, chacune garde sa personnalité. Ces longs morceaux sont rares d'ailleurs. Plus souvent des thèmes courts, mais très expressifs, à peine développés par simple répétition dans un ton relatif, suffiront à nuancer de pure musique l'ampleur noble et calme des récitatifs.

Les procédés d'expression pourront quelquefois nous surprendre. Aucun compositeur de ce temps, Carissimi pas plus que les autres, ne s'est abstenu de tentatives d'imitation que nous jugeons aujourd'hui puériles, surtout si elles sont, comme c'est ici le cas, confiées aux seules voix.

Excusons ce grand homme, puisque tel était le goût de son temps, lorsque sur les mots *serpentes et viperas*, dans l'*Histoire du mauvais Riche*, il place un chant dont les sinueux contours s'efforcent à peindre graphiquement les replis d'un serpent, ou quand, au début du motet *Militia est vita hominum*, il reproduit aux voix le dessin de fanfares de trompettes. Il a d'autres recherches plus acceptables et des beautés d'expression vraie qui peuvent faire pardonner ce défaut.

Voici, comme exemple de ce style plus mélodique que dramatique, un air tiré de sa plus importante cantate d'église, l'*Histoire du mauvais Riche*.

Le mauvais riche, malade et près de sa fin, a un songe terrible. Un chœur de démons s'installe à son chevet et lui fait un effrayant tableau des horreurs de l'éternelle damnation qui l'attend. Pour finir, la voix d'un soprano, lente et inflexible comme l'impitoyable destin, s'élève seule au milieu du silence, et avec une impassibilité effrayante, lui annonce sa fin prochaine, dans une mélopée d'une noblesse et d'une pureté de lignes admirables. Si je voulais chicaner sur quelque point cette mélopée pathétique et touchante, je serais — oserais-je le dire — tenté de lui reprocher l'excès même de cette expression. Le musicien, dirait-on, s'est ici substitué au personnage du drame. Au lieu d'un démon cruel et sans pitié, c'est un homme qui parle, et quelque pitié pour l'immense épouvante du misérable qu'attendent les tourments éternels s'est ici fait jour dans la musique [1].

Vous avez admiré, Messieurs, la noble beauté de cette mélodie et vous avez rendu justice au génie du musicien. Puisque aussi bien c'est aux plus beaux fragments des œuvres de ce grand maître qu'incombe la tâche d'égayer, par de touchants épisodes, les détails un peu sévères de cet exposé qui courrait le risque de fatiguer votre attention sans l'arrêter, il convient maintenant que je vous présente brièvement l'auteur, et que j'essaie de vous donner une idée du temps où il a vécu.

La vie de Giacomo Carissimi, comme celle de la plupart des artistes ses contemporains, nous est assez mal connue. Avouons même qu'à part quelques-uns, les détails, ceux-là du moins qu'il nous importerait surtout de connaître, nous sont restés ignorés.

Nous savons seulement qu'il est né, vers l'an 1603, en un petit bourg des environs de Rome, dans les monts Albains, à Marino. Amico Carissimi, son père, était musicien lui-même, comme certains indices le font croire, c'est-à-dire sans doute qu'il devait être attaché au service de quelque église de cette petite ville. Il fut très probablement le premier maître de son fils. D'ailleurs ce qui appert de l'étude du style ordinaire du maître romain, c'est qu'il s'est surtout créé lui-même. Il est véritablement, comme Bach, un autodidacte. L'ancien style polyphonique des écoles d'Italie, encore en vigueur du temps où il s'est formé, ne lui est certes pas étranger. Il n'apparaît pas non plus qu'il ait jamais tenu à se le rendre très familier. Du moins ne l'a-t-il guère pratiqué.

Ses premières années, studieuses et paisibles, ont dû s'écouler dans quelque couvent de sa ville natale. Un des biographes de Carissimi, l'abbé Pietro Alfieri, nous dit qu'il avait étudié la musique à Rome. La grande cité était trop proche en effet pour qu'un jeune artiste, même confiné dans une petite bourgade, ait pu échapper à l'influence des maîtres qui y faisaient figure alors. Malheureusement, nous ne pouvons rien savoir de celui dont Carissimi avait suivi les leçons.

Les écoles de musique ne manquaient pas à Rome. Bien que, mieux que partout ailleurs, les traditions palestriniennes s'y fussent conservées, grâce surtout à la chapelle des Papes, qui jusqu'à nos jours, par le soin dont elle en entourait l'exécution, devait empêcher ces belles œuvres de tomber entièrement dans l'oubli, l'art nouveau s'était imposé là comme partout. Depuis qu'Emilio del Cavalliere était venu apporter à la Ville sainte l'écho des réformes de Florence, depuis qu'en l'église de Santa-Maria in Vallicella, en février 1600, la *Rappresentazione di Anima e di Corpo* avait été solennellement exécutée, les artistes comme le public s'étaient détournés des anciens maîtres. Il restait bien encore des admirateurs du passé pour se renfermer obstinément dans l'étude et la pratique de ce style *osservato,* si riche en chefs-d'œuvre. Mais la faveur publique les délaisse, et le succès va aux novateurs, qui réunissent autour d'eux une foule impatiente de disciples enthousiastes.

Ces écoles sont les héritières directes du cénacle florentin. Nourries de la

---

1. Exécution de l'air du *Mauvais Riche.*

moelle de l'antiquité classique, dont elles ont l'ambition de renouer les traditions, leur esprit n'est plus celui des compositeurs d'autrefois. Elles sont plus
portées vers l'art profane, le théâtre surtout, que vers la musique d'église. Ce
sont de véritables académies, et les maîtres n'y ont pas seulement souci de
former d'habiles chanteurs ou des compositeurs savants. Le propre de l'art
récitatif n'est-il pas d'exprimer les sentiments et les passions? Il est donc nécessaire d'apprendre à les bien connaître : une forte culture générale devient
alors indispensable. Aussi l'étude des lettres tient partout une place importante, presque aussi grande que celle de la technique musicale. Veut-on savoir
quel était l'emploi du temps, le programme des cours, si l'on veut, dans une
des *Schola Cantorum* de l'époque, celle de Virgilio Mazzochi, maître de chapelle
à Saint-Jean de Latran et plus tard à Saint-Pierre?

On consacrait trois heures, le matin, au chant proprement dit : difficultés
per l'acquisto dell' esperienza, trilles, passages. L'étude des lettres prenait
ensuite une heure, et une autre heure était affectée à des exercices devant un
miroir pour apprendre à éviter tout mouvement disgracieux du visage. D'autres
travaux occupaient l'après-midi. Théorie musicale, une demi-heure; contrepoint *sopra il canto fermo*, une demi-heure. Une heure pour mettre en pratique impromptu (*sulla cartella*) les principes de la leçon précédente. Enfin pour
finir, une autre heure à l'étude des lettres. Le reste du temps (en restait-il
après une journée si bien remplie?), on s'appliquait au *clavicembalo*, ou encore
à la composition libre *secondo il proprio genio*. Certains jours, les élèves
allaient chanter dans les églises de Rome, tant pour s'exercer eux-mêmes que
pour étudier et analyser la manière des chanteurs en renom.

Ces fortes études effraieraient nos chanteurs d'à présent. Mais elles formaient
d'admirables virtuoses, rompus aux difficultés techniques, capables de comprendre et de sentir ce qu'ils exécutaient, comme aussi d'excellents compositeurs, sachant parfaitement écrire pour les voix, prêts à mettre en musique les
sentiments les plus complexes et les plus raffinés. C'est à cette discipline sévère
que se sont instruits les premiers maîtres du théâtre italien. Si l'on en voit
bien les avantages très réels pour les musiciens dramatiques, il ne paraît pas que
le compositeur d'église y pût trouver aussi bien à développer son génie. Ni
l'esprit général, ni les formes de l'enseignement ne paraissent lui convenir.
Carissimi, il est vrai, n'a point fréquenté chez Mazzochi : les dates se refusent à
cette hypothèse. Mais, ni dans cette école, ni dans telle autre analogue, il ne
nous paraîtrait à sa place. (Nous avons tiré *a priori* des œuvres du grand
Romain une idée de sa personne et de ses principes, qui, pour être inexacte,
ne nous en demeure pas moins chère.) Nous ne voulons pas voir le chantre
austère et mélancolique de l'*Historia divitis*, ou de la *Plainte des damnés*, en ce
milieu profane de poètes et de compositeurs de théâtre. Illusion dont il faut
cependant nous défaire. Pour avoir fondé le meilleur de sa réputation sur ses
ouvrages sacrés, Carissimi ne s'est point interdit de toucher à des sujets moins
sévères. Il n'a peut-être pas composé beaucoup d'opéras ; du moins n'en connaît-on qu'un seul qui puisse lui être attribué avec certitude. Mais il a écrit
un assez grand nombre de cantates profanes et d'admirables pièces lyriques
de toute sorte pour qu'aucun doute ne subsiste. Il y aurait mauvaise grâce à
lui en vouloir d'une contradiction apparente qui peut aujourd'hui choquer quel-

ques-uns. Des scrupules de cette nature eussent été étranges en un temps où presque tous les musiciens d'opéra sont hommes d'église, où des cardinaux, comme les Barberini, sont directeurs de théâtre, où un futur Pontife, le cardinal Giulio Rospigliosi, qui sera le pape Clément IX, écrit des oratorios et des comédies en musique pour le compositeur Marco Marazzoli.

Mais ce qui fait la gloire de Carissimi, n'est-ce pas précisément d'avoir apporté, sinon à l'Église, du moins à des œuvres écrites dans un but d'édification immédiate, les ressources nouvelles dont la musique devait à la réforme de Florence de s'être récemment enrichie ? Pour réussir dans cette entreprise, il lui fallait connaître à fond les procédés de l'art profane et de la déclamation dramatique.

Il se les assimila sans doute de bonne heure, car, assez jeune, il paraît avoir eu quelque réputation. A vingt ans à peine, il débutait dans la carrière, comme maître de chapelle de la *cathédrale* d'Assise. Bien que l'importance de la ville fût médiocre, la dévotion à saint François y attirait, à certains jours, d'innombrables pèlerins, et l'on ne se fût certes point avisé d'aller chercher l'élève inconnu de quelque maître obscur pour lui confier, de prime abord, la direction de la musique en la première église de la ville. La cathédrale d'Assise, dans le langage du temps, ce n'est pas l'église épiscopale actuelle, Saint-Rufin. On désignait communément ainsi, pour son importance, l'église du grand couvent des Franciscains, où un correspondant du *Mercure galant* nous apprend que les religieux — plus d'une centaine — chantaient tous les jours de l'année en musique.

S'il en était ainsi, alors que Carissimi y dirigeait le chœur, la tâche du maître de chapelle n'était pas une sinécure. Les occasions de s'y faire valoir ne manquaient pas, et il fallait bien que le talent du jeune musicien se fût déjà manifesté avec un certain éclat, pour qu'on lui ait confié, à ses débuts, un office de cette importance.

D'ailleurs, la pieuse cité n'allait pas le retenir longtemps dans ses murs. Moins de six ans après son départ pour l'Ombrie, il trouvait l'occasion, probablement cherchée depuis longtemps, de regagner la Ville éternelle. En 1630, il était appelé aux fonctions de maître de musique du collège Germanique et de l'église de Saint-Apollinaire qui en dépendait. Jusqu'en 1674, date de sa mort, il allait passer là sa vie tout entière.

Le collège Germanique était une création de saint Ignace de Loyola, une de celles que le fondateur de la Compagnie de Jésus avait entourée de la plus vive sollicitude. Ignace, pendant son séjour à Rome, s'était ému des progrès constants de la Réforme en Allemagne. Pour les enrayer, il avait conçu le plan d'un établissement où un certain nombre de jeunes Allemands, destinés au sacerdoce, recevraient gratuitement, avec des principes de piété solide, une forte instruction qui leur permît, une fois dans leur pays, de lutter avec succès contre l'hérésie grandissante. Une bulle du pape Jules III, en 1552, autorisait l'institution, et le 28 octobre de la même année, le collège Germanique ouvrait ses portes. Il comptait une vingtaine d'élèves à peine, mais allait rapidement s'accroître.

Grégoire XIII, qui s'intéressait à l'œuvre et devait en réorganiser la discipline intérieure, la transféra en un palais abandonné et passablement délabré, attenant à l'église de Saint-Apollinaire, concédée au collège à charge d'y assurer le service religieux (janvier 1574). Il y avait alors plus de cent pensionnaires allemands, *alumni*, et le nombre des jeunes gens admis à partager leurs études, *convictores*, atteignait un chiffre très supérieur. La règle cependant était assez sévère, différant profondément de celle des autres établissements, Collège et Séminaire Romain, dont la Compagnie avait aussi la direction. Les élèves portaient le costume ecclésiastique. Tous les divertissements mondains, dont partout ailleurs les Jésuites s'étaient faits les propagateurs, y étaient interdits. Disputes littéraires publiques, ballets, comédies, intermèdes musicaux, rien de tout cela n'était toléré.

A la vérité, la musique fut d'abord épargnée de cette proscription, et dans les premiers temps, les élèves y formèrent un chœur excellent.

Mais cela ne dura pas et, bien que le collège eût toujours pris soin de s'attacher des maîtres de premier ordre, Vittoria par exemple, qui y fut attaché jusqu'en 1577, la réputation de l'église et du collège ne se maintint, comme partout ailleurs dans la ville, que parce qu'on eut recours, pour les solennités musicales, à des chanteurs et symphonistes choisis parmi les meilleurs de Rome. Agostino Agazzari, un des prédécesseurs de Carissimi, qui y fut maître de chapelle de 1602 à la fin de 1603, y avait introduit le style récitatif.

Les œuvres que cet artiste écrivit, tant pour le collège que pour la ville, prouvent jusqu'à l'évidence qu'elles furent destinées à un petit nombre de chanteurs habiles, solistes presque tous.

Ce caractère se retrouve dans les compositions de Carissimi — et de tous les Italiens du même temps — en dépit d'un préjugé contraire qui veut voir en lui un des maîtres de l'écriture chorale. C'est qu'on a tiré complaisamment certaines hypothèses hasardeuses sur l'origine et la nature de ses ouvrages des circonstances extérieures de sa vie. Comme elle s'est écoulée tout entière, pour autant dire, au service d'une Congrégation religieuse, en contact avec une communauté nombreuse de jeunes séminaristes, on est malgré soi tenté de se le représenter vivant un peu hors du monde, composant dans la paix du cloître les œuvres que ses élèves vont exécuter sous ses yeux.

C'est là la peinture de la vie d'un maître de chapelle français. Rien n'y ressemble moins que l'existence des Italiens d'alors. Au temps où nous sommes arrivés, en dehors de la chapelle des Papes, de Saint-Marc de Venise et de quelques rares basiliques, on ne rencontre nulle part ce que la plus petite paroisse de France pouvait offrir à son maître de chapelle : six ou huit enfants de chœur et une douzaine de chantres, prêtres ou simples clercs, dépendant de l'église et entièrement à sa disposition. « Une de nos cathédrales a plus de voix pour sa seule musique qu'il n'y en a pour toutes celles de Rome ensemble », dit un contemporain. Les Italiens jouissaient de cet avantage de n'avoir affaire qu'à des chanteurs professionnels, rompus aux difficultés de leur art et tous, même les moins fameux, virtuoses sûrs d'eux mêmes. Mais en revanche, comme ces musiciens n'appartenaient pas à l'église, on n'était jamais sûr de les avoir. « Si Don Livio Odescalchi s'était avisé de retenir tous les *musici* de Rome pour son concert, il ne pourrait plus y avoir de musique en aucune église », dit le même. Ils étaient relativement peu nombreux ; le nombre des églises et des couvents était considérable. Il était donc difficile d'en réunir à la fois plus de trois ou quatre. Les maîtrises avaient été de tout temps à peu près inconnues en Italie et l'usage ne s'était jamais établi solidement d'entretenir des chœurs d'une certaine importance.

Dans ces conditions, la vie d'un maître de chapelle ne rappelle en rien celle que dans un poste analogue mène un artiste français. Celui-ci ne se borne pas à composer et à faire exécuter sa musique, il lui faut encore instruire les enfants de sa maîtrise. Il vit en commun avec eux dans la maison du chapitre; ces soucis d'enseignement, en lui prenant la plus grande partie de son temps, le tiennent à l'écart des séductions de l'art profane, auquel il est tenu de rester absolument étranger. Les Italiens sont bien plus libres. Leur charge est légère. En dehors des heures d'office où ils tiennent leur place au chœur, ils n'ont qu'à prendre soin de recruter et d'engager les musiciens qui, chaque fois, leur seront nécessaires, chose qui scandalise fort les étrangers, qui nous montrent ces chanteurs d'église errant par la ville, un jour ici, le lendemain ailleurs, au hasard de leurs engagements. La composition mise à part, le métier d'un maître de chapelle ne diffère guère de celui d'un directeur de théâtre.

De pareilles conditions d'exécution ont réagi nécessairement sur les œuvres, quelles que fussent d'autre part les tendances des artistes. Le mal néfaste du virtuosisme, de la difficulté brillante cherchée pour le plaisir de faire montre d'une inutile et frivole habileté, en est issu directement. Ne fallait-il pas faire ce que l'on pouvait pour satisfaire la vanité d'un sopraniste orgueilleux de son talent de vocaliste? Carissimi lui-même, aussi bien que les autres, a cédé plus d'une fois à ce travers de son siècle.

Examinons par exemple ses motets, qui sont fort nombreux, bien que nous soyons loin de les posséder tous. Ce sont des morceaux de dimensions médiocres, de style très mélodique, assez ornés et fort propres à faire valoir l'habileté d'un chanteur. Une, deux ou trois voix, rarement quatre ou davantage, avec la basse continue; quelquefois deux violons qui jouent les ritournelles ou concertent avec les chanteurs. Ce ne sont pas ordinairement des textes liturgiques, plutôt des paroles faites exprès, sans doute par quelque ecclésiastique se piquant de belles-lettres. L'usage était particulier aux musiciens d'Italie, et l'étranger s'en étonnait fort. Les Italiens y voyaient pourtant de grands avantages, puisque, pendant deux siècles et plus, ils ont continué à mettre en musique ces élucubrations fantaisistes dont la conduite et le style laissent souvent beaucoup à désirer.

Aucune de ces compositions qui permette de penser un seul instant qu'elle ait pu être confiée aux voix multiples d'un chœur. Tout cela se chantait en solo, en duo, trio ou quatuor. Il en allait de même certainement des messes, qui n'ont jamais dû être nombreuses. « Les prêtres et la plupart des moines d'Italie ne sçavent que dire la messe et ne chantent ni musique ni plain-chant. C'est pourquoi il n'y a ordinairement dans leurs paroisses et dans leurs couvents ni grand-messe ni vespres. Lorsque quelque fête veut qu'il y ait une grand messe, vous voyez à l'autel les trois personnes nécessaires... et les musiciens étrangers font le reste. »

Ces morceaux qui sont ce que ses contemporains ont admiré le plus dans l'œuvre du maître, seront peut-être au contraire ce que nous goûterons le moins aujourd'hui. Le fragment des *Pèlerins d'Emmaüs*, écrit dans le style des motets et que vous allez entendre, pourra donner une idée de ce genre en ce qu'il a de plus acceptable[1].

Mais c'est à ses cantates de chambre ou d'église que le grand musicien romain est redevable de sa gloire la plus solide. Celles qu'il écrivit sur des sujets profanes sont en dehors de notre étude, mais nous allons dire quelques mots de celles qu'il avait destinées à l'église, que l'on nomme communément par erreur, ses *Oratorios*.

Le mot est fort impropre à les désigner, et son moindre inconvénient est de prêter à des rapprochements qui n'ont rien de fondé. Tel que le comprirent toujours les Italiens, l'oratorio est un véritable opéra, mais sur un sujet religieux, édifiant tout au moins. Il se joue en costume, en de somptueux décors : il s'adorne de symphonies, de machines, de ballets. L'œuvre, partagée en plusieurs actes, est de grandes dimensions. Il y faut des artistes habiles, excellents acteurs et virtuoses émérites. Enfin (et c'est là caractéristique) l'oratorio est écrit en langue vulgaire. C'est un divertissement moral qui, au temps de pénitence du Carême, remplacera les fêtes galantes où se plaît, le reste de l'année, la haute société romaine ; mais il demeure un spectacle mondain, réservé à un auditoire aristocratique et raffiné. Il est vrai que l'Église lui a accordé quelquefois l'hospitalité : c'est par exception et en dehors des heures du culte. Quand les Barberini auront fait construire leur théâtre, quand les couvents ouvriront solennellement leurs salles de réception à la foule, l'oratorio, à Rome tout au moins, ne pénétrera plus dans le temple. Il va de jour en jour se rapprocher de l'opéra jusqu'à se confondre avec lui.

Comparons encore les simples épisodes de l'Écriture sur lesquels, presque sans changements, Carissimi composera sa musique, ou ses commentaires dramatisés de quelque dogme chrétien, avec les sujets de ces drames à grand spectacle. Même différence. Ni l'histoire sacrée ni les Évangiles ne sont mis là à contribution. Les ingénieux et doctes auteurs n'eussent point été à leur aise pour décorer de brillants accessoires ces textes vénérables. Hommes d'église, le respect à défaut de la coutume leur eût interdit de les modifier à leur guise. Ils préfèrent, dans leurs allégories savantes, faire mouvoir en un semblant d'action des abstractions personnifiées. Telle était l'œuvre de Cavalliere ; telle sera, cinquante ans après, la *Vita humana overo il Trionfo della Pietà* de Marco Marazzoli, dont l'ingénieux raffinement charmera Christine de Suède. *L'Innocence, la Faute, l'Entendement, le Plaisir, la Vie humaine*, y paraîtront tour à tour, et la plume diserte du futur Clément IX, Giulio Rospigliosi, donnera quelque intérêt à la peinture un peu longue des luttes quotidiennes de l'Ame, tour à tour s'abandonnant aux tentations ou purifiée par les larmes amères du repentir.

D'autres iront tirer des légendes de la Vie des Saints les éléments de drames variés, plus vivants et plus pittoresques. *La Rappresentazione di sant'Orsola, Vergine e Martire*, poème de Salvadori, musique de Marc Antonio da Gagliano, jouée à Florence en 1624, met en scène l'histoire de sainte Ursule et de ses compagnes chassées par la tempête aux rivages germaniques, tombées aux

---

1. Exécution d'un fragment des *Pèlerins d'Emmaüs*.

mains des Huns qui assiègent Cologne et souffrant le martyre de la main des Barbares. *La Vita di santa Maria Maddalena* (1635), *la Vita di santa Teodora* du cardinal Rospigliosi (1635), sont des œuvres du même genre. *Il Sant'Alessio* du cardinal Barberini, musique de Stefano Landi, est le mieux connu des historiens de la musique. L'action en est assez simple, encore qu'inutilement égayée de passages bouffes d'un goût médiocre. La musique n'est pas sans beauté. Noble et expressive, elle annonce, par plus d'un point, le grand style carissimien. L'ordonnance de la partition, l'emploi des instruments, la manière d'écrire, prêtent aux mêmes rapprochements. C'est là certainement une des sources où le jeune maître, au début de sa carrière romaine, a dû le plus largement puiser.

Les cantates de Carissimi sont infiniment plus simples. Avec moins de prétentions, elles ont beaucoup plus de réelle beauté. Sous la forme concise que le compositeur a choisie, les sujets sacrés prennent une intensité de sentiment, une profondeur d'expression qu'il n'eût peut-être point su leur imprimer si parfaitement s'il les eût traités avec plus de détails. Sa pensée, ramassée sur elle-même, gagne en force ce qu'elle perd en étendue. Peu de moyens sont mis en œuvre. Quelques voix, un orgue ou un clavecin pour les soutenir : en voilà assez. Le drame se déroule devant nous, les personnages vont vivre leur vie merveilleuse et réelle. Rien ne dépassera la vérité si vraiment humaine de ces esquisses, tableaux tour à tour touchants ou terribles où l'on sent que l'âme de l'artiste s'est tout entière épanchée. Ces ouvrages, destinés à édifier quelques fidèles réunis pour des exercices de piété, auront plus fait pour la gloire de son nom que ses compositions les plus pompeuses et les plus ornées, où le goût du temps tient trop de place pour qu'aujourd'hui nous en soyons pleinement satisfaits.

D'ailleurs, les cantates d'église, les histoires sacrées, ne figuraient point aux offices solennels des jours de fête. Comme les *Laudi spirituali* d'Animuccia ou les *Madrigaux spirituels* de Palestrina, leur place était marquée dans les exercices réservés aux fidèles de quelque pieuse confrérie. Il y avait un peu partout dans Rome de ces *Congregazioni del Oratorio* dont les membres, astreints à certaines pratiques de piété, se réunissaient à jour fixe. Un artiste français, Maugars, de passage à Rome en 1639, nous a laissé la description d'un de ces pieux concerts, en l'oratoire Saint-Marcel. « Il y a là, dit-il, une congrégation des frères du Saint-Crucifix, composée des plus grands seigneurs de Rome, qui par conséquent ont le pouvoir d'assembler tout ce que l'Italie produit de plus rare, et en effect, les plus excellens musiciens se picquent de s'y trouver, et les plus suffisans compositeurs briguent l'honneur d'y faire entendre leurs compositions et s'efforcent d'y faire paroistre tout ce qu'ils ont de meilleur dans leur estude.

« Cette admirable et ravissante musique ne se fait que les vendredis de Caresme, depuis trois heures jusqu'à six... Les voix commençoient par un psalme en forme de motet, et puis tous les instrumens faisoient une très bonne symphonie. Les voix après chantoient une Histoire du Vieil Testament, en forme d'une Comédie spirituelle, comme celle de Suzanne, de Judith et d'Holoferne, de David et de Goliat. Chaque chantre représentoit un personnage de l'histoire et exprimoit parfaitement bien l'énergie des paroles. Ensuite un des plus célèbres prédicateurs faisoit l'exhortation, laquelle finie, la musique récitoit l'Évangile du jour comme l'histoire de la Samaritaine, de la Cananée, du Lazare, de la Magdelaine et de la Passion de Nostre-Seigneur, les chantres imitant parfaitement bien les divers personnages que rapporte l'Évangéliste. Je ne saurois assez louer cette Musique Récitative, il faut l'avoir entendue sur les lieux, pour bien juger de son mérite. »

On ne sait à qui il faudrait attribuer ces pièces. Maugars n'a pas cru devoir en nommer l'auteur, dont il ne s'est peut-être pas inquiété beaucoup. C'est dommage : car tout ce qu'il en dit s'appliquerait si bien aux ouvrages analogues que Carissimi nous a laissés, que l'on aimerait penser que ce fut une œuvre de ce maître que notre compatriote fut si ravi d'entendre.

Nous connaissons aujourd'hui une vingtaine de ces compositions, et le nombre en serait certainement grossi par le dépouillement attentif des recueils anciens de musique religieuse que possèdent diverses bibliothèques, maîtrises ou cathédrales de notre pays. C'est une recherche que l'on ne saurait trop recommander à tous ceux qui ont la faculté de connaître un de ces précieux dépôts.

C'est qu'en effet Carissimi fut populaire chez nous aux derniers siècles, et tout ce que nous avons de lui, sauf quelques pièces imprimées en Allemagne à la même époque, nous est parvenu par des copies françaises d'origine. Pour les Histoires sacrées notamment : aucune bibliothèque italienne n'en renferme, ce qui tend à prouver que, là tout au moins, les contemporains n'y attachaient pas la même importance qu'aux autres ouvrages d'église du maître.

Malgré leur grande ressemblance, toutes les Histoires sacrées ne procèdent point du même esprit. Les unes sont proprement de petits drames où apparaissent des personnages réels, dialoguant entre eux. L'action, pour être excessivement simple, n'en est pas moins humaine. Ailleurs, au contraire, ce sera le tableau grandiose de quelque scène de légende, le Déluge ou le Jugement dernier : ou bien le maître s'efforcera de rendre sensible un point de doctrine, le dogme de la vie éternelle par exemple, soit qu'il nous entraîne avec lui dans les abîmes de l'enfer, qu'il traverse les mystiques ténèbres du purgatoire, ou qu'il nous laisse, de loin, prêter l'oreille aux célestes concerts des âmes bienheureuses. En ce cas, le chœur seul, anonyme et divers, reste en scène : que les voix soient effectivement groupées ou que des solistes s'en détachent par instants pour commenter les événements et en tirer, lyriquement, quelque moralité.

Un de nos manuscrits, aujourd'hui déposé à la bibliothèque de Hambourg, marque parfaitement bien cette différence. Les onze compositions qu'il renferme y sont divisées en *Histoires* et en *Oratoires*. Sans discuter la propriété de ces termes, on peut conserver cette classification, en notant cependant que l'hésitation reste permise pour ce qui regarde certaines pièces.

Il est inutile d'insister longuement sur le caractère de ces sujets. Presque tous, comme on le voit par les titres, sont empruntés à l'Ancien Testament : ceux qui sont pris des Évangiles ou dont le texte est tiré de l'imagination du pieux librettiste (peut-être du musicien lui-même) sont également choisis ou composés dans le même esprit. Ce sont des œuvres destinées à l'édification des fidèles : la colère et la justice divines, en ce qu'elles ont de plus terrible,

s'y traduisent plus volontiers que la clémence et la miséricorde. Le dogme de
l'enfer et de la damnation semble avoir exercé sur l'esprit du compositeur une
attraction mystérieuse et invincible. Dans *Lucifer*, dans la *Plainte des damnés*,
dans le *Jugement dernier*, dans l'effrayante et atroce histoire du *Mauvais Riche*
surtout, il est revenu avec une insistance singulière sur l'épouvante des châti-
ments éternels.

Cette âme forte où la passion s'est concentrée dans le sentiment religieux,
puisait-elle le sujet ordinaire de ses méditations dans la contemplation de nos
douleurs et de nos misères? Ou n'y a-t-il là qu'une coïncidence fortuite, en
somme justifiée par la nécessité de présenter aux auditeurs une leçon morale
qu'ils pussent immédiatement comprendre, un commentaire expressif du ser-
mon qu'ils venaient d'entendre? C'est ce que nous ne saurions décider dans
l'ignorance où nous sommes des circonstances de la vie du maître. Au reste,
les histoires aimables ne manquent pas non plus : que l'auteur nous peigne
la touchante tristesse des pèlerins d'Emmaüs, la pieuse confiance d'Ezéchias
en la bonté de ce Dieu qu'il a fidèlement servi, ou la résignation mélancolique
des âmes du purgatoire, joyeuses d'une souffrance qui chaque jour les rend
moins indignes de la béatitude suprême.

Un court prélude instrumental ouvre la pièce, bien que quelques-unes de
ces Histoires, et non des moindres, en soient dépourvues. Aussitôt après, le
drame commence. Quelques lignes fixent le lieu de la scène et indiquent som-
mairement le sujet. Un récitant, *Historicus*, est chargé de cette exposition,
indispensable en l'absence des décors, des costumes et de la mimique. Mais ce
n'est pas à un unique chanteur que reviendra ce rôle. Très souvent, si la pièce
est longue, deux, trois, quatre voix et davantage se partageront la tâche et
se feront entendre toutes les fois que le texte, chose fréquente, deviendra purement narratif. Exceptionnellement dans *Ezéchias*, le récitant est représenté par
deux *canti* chantant en duo, soit en canon, à la quarte ou à la quinte,
soit en tierce, note contre note. Enfin, dans les pièces où le chœur tient une
place importante, ce chœur, par instants, cessera de parler pour lui-même et
viendra raconter les péripéties de l'action.

Il y aura toujours fort peu de personnages solistes : deux ou trois tout au
plus en dehors de l'*Historicus* récitant. Ces drames sont assez simples pour se
suffire de ce petit nombre d'acteurs, que peut-être bien des raisons matérielles
eussent sans doute interdit de multiplier. Rarement deux chanteurs disent
ensemble un duo véritable : le plus souvent les scènes à deux sont traitées en
dialogues. Et quelle discrétion, quelle retenue dans ces courts passages, si
merveilleusement expressifs, où les plus beaux effets sont réalisés avec les
moindres moyens !

La scène d'*Ezéchias* vous sera un exemple excellent de ces diverses maniè-
res de comprendre le discours musical : le grand air qu'elle renferme peut être
cité comme un type achevé de déclamation pathétique et mélodique à la fois[1].

Pour compléter ce rapide examen, nous n'aurons plus qu'à dire quelques
mots sur la façon dont Carissimi a employé et traité les chœurs proprement
dits. Un préjugé courant veut y voir la partie principale de son œuvre. C'est

---

1. Exécution de la première partie de l'*Histoire d'Ezéchias*.

une erreur qui ne s'explique que par l'ignorance générale où l'on est resté si longtemps au sujet des compositions de ce grand maître. Quand nous aurons examiné les choses telles qu'elles sont, nous ne nous attendrons plus à trouver chez lui rien de semblable à ces majestueuses combinaisons vocales, dont Bach, Haendel et les autres musiciens de l'école allemande ont revêtu, comme d'un riche vêtement, leurs mélodies nobles et expressives. Pour exprimer ses plus belles pensées, pour traduire les sentiments les plus pathétiques, Carissimi a plutôt recours à la déclamation d'un unique acteur. Les chœurs sont rares dans ses ouvrages, et le plus souvent encore ce ne sont pas de véritables chœurs, mais de simples ensembles où les personnages précédemment parus unissent leurs voix à la fin de la pièce. L'action est alors terminée : ce chœur final, si l'on veut appeler ainsi la réunion de quatre ou cinq chanteurs, en tirera la moralité.

On peut retrouver, de loin en loin, dans ces morceaux, quelques souvenirs de l'ancien style polyphonique. Plus ordinairement de longs passages en *solo* y alternent avec les reprises du *ripienno*. Il n'en ira guère autrement dans les Histoires, plus rares, où le chœur, qu'on doit supposer sans doute en ce cas tant soit peu plus nombreux, se mêle au drame et se fait entendre au courant de l'action dramatique.

Composés de simples accords et de formules de cadences, ces ensembles ont beaucoup de force et de plénitude. Mais peu de variété : sans les *soli* intercalés qui les colorent de l'expression appropriée, ils fatigueraient assez vite. Il est tout à fait exceptionnel de tomber, au cours de la lecture de telles partitions, sur un morceau semblable à cet admirable chœur de *Jephté*, qui continue si merveilleusement la sublime *Déploration* qui le précède. On croirait entendre dans les accents touchants de ces voix enlacées, les lamentations de tout un peuple et les pleurs d'une foule désolée : c'est le Père Kircher qui l'a déjà dit, au XVIIᵉ siècle, et nous devons louer la persévérante application des Chanteurs de Saint-Gervais, qui ont rendu populaire ce morceau que vous allez entendre une fois encore [1].

Messieurs, il me faut arriver enfin à la conclusion d'une étude qui, pour être déjà trop longue, n'en est pas pour cela plus complète. Je ne saurais me flatter d'avoir épuisé le sujet ni dit tout ce qu'il y avait à dire. Je veux cependant laisser, encore une fois, la parole au maître lui-même dont les accents sont venus, heureusement pour nous, donner par intervalle la beauté et la vie à cet exposé rapide et décoloré. La terrifiante et grandiose *Plainte des damnés*, cette pièce qui fut si populaire chez nous voici plus de deux siècles, va clore cette séance, et il me resterait encore à résumer en quelques mots les traits principaux de l'art et du style de celui qui écrivit ce chef-d'œuvre. Mais, heureusement, d'autres l'ont déjà fait avant moi, et ont su rendre justice avec plus de talent que je n'en saurais mettre, au caractère supérieur de cet art. Permettez-moi de lire ici, pour conclure, ces quelques lignes que M. R. Rolland, dans son bel ouvrage, *L'Histoire de l'Opéra en Europe avant Lully et Scarlatti*, a consacrées à un maître qui mérite de reprendre, dans l'admiration de tous, la place qu'il n'eût jamais dû perdre, à côté des plus grands :

---

1. Exécution de la *Déploration* et du chœur final de *Jephté*.

« Toute la grandeur de l'esprit romain s'étale triomphalement dans Carissimi : son calme impérial, sa paix souveraine, son esprit tout-puissant d'ordre et de clarté, la simplicité des moyens et la vigueur de la raison... Carissimi a, comme Palestrina, comme Raphaël, comme les génies romains, le don magnifique de l'impersonnalité... Ce n'est pas, comme chez les artistes du Nord, l'impersonnalité froide qui fait de la nature une sorte de cadavre : c'est l'âme même des choses, la personnalité agrandie, épurée et comme divinisée... Il a ce pouvoir de donner à son âme, pleine d'émotions tragiques, la forme impersonnelle et sereine, qui fait de ses douleurs comme le cri de la douleur même, suprême objet de l'art, puisqu'elle lui permet, en l'exprimant, de consoler la souffrance humaine. »

H. Quittard.

Andrè PIRRO

Les Formes de l'Expression

dans la Musique de H. Schütz

LES FORMES DE L'EXPRESSION
DANS LA MUSIQUE DE HEINRICH SCHÜTZ

MONSEIGNEUR,
MESDAMES,
MESSIEURS,

Je veux, dès le début de cet entretien, rendre grâces à M. Henri Quittard. Il a traité devant vous, hier, aussi complètement qu'on pouvait le faire, de cette réforme due, en musique, à diverses causes, réforme que l'exégèse platonicienne des Florentins contribua à déterminer. Je n'aurai donc pas à vous parler des premiers essais du style monodique. Je me proposerai seulement de vous présenter quelques particularités de cette langue qu'on prétendit alors inventer, langue à laquelle se fit, certes, une syntaxe nouvelle, mais dont le dictionnaire, à vrai dire, était déjà presque entièrement formé. Car, dans le cours de l'examen que je vais entreprendre, je m'attacherai parfois à vous faire reconnaître des formules, des locutions musicales dont les maîtres de la polyphonie admettaient déjà toute la valeur significative. Et M. Gastoué, qui a la bonté de m'assister comme chanteur, pourrait sans doute vous signaler des intentions expressives toutes semblables jusque dans le chant grégorien.

Je dirai même que si je prends, dans cette étude, Heinrich Schütz pour guide, c'est justement à cause des divers aspects de son œuvre, où il se montre pieux gardien du passé, sans jamais renoncer pourtant aux conquêtes du présent. Par Gabrieli, son maître, il tient encore aux écoles du contrepoint, et il semble parfois même plus fidèle que celui-ci à en suivre la pure tradition. Contemporain de Monteverde, il le loue, il adopte ses théories, il les met en pratique. Il ne se refuse à être moderne que le jour où, pour paraître tel, il faut suivre les Italiens dans leurs excès, et, avec eux, « mener beau bruit, nille de la parole selon qu'il plaît à Dieu », abus que Constantyn Huygens déplorait dès 1646[1].

Or, ses enthousiasmes comme ses répulsions, les œuvres de Schütz les

1. Lettre à Mersenne (Œuvres complètes de Christiaan Huygens, correspondance).

8*

reflètent. Si les *Psaumes* de 1619 nous chantent sa dévotion reconnaissante à Gabrieli, si les *Symphonies sacrées* nous avertissent du prix qu'il attache aux tentatives de Monteverde, d'autre part, les *Passions*, le *Kyrie* et *Gloria* en allemand, les motets destinés aux *Thomaner* de Leipzig, nous assurent de son dégoût pour les œuvres de ses collègues italiens de Dresde, aussi bien que cette prière qu'il fait à son élève Bernhard, d'écrire pour ses funérailles quelques chants à l'imitation de Palestrina.

Ajoutons que Schütz est un guide très sûr. On sait toujours ce qu'il a voulu dire, car il ne craint pas de se répéter, semblable à un poète fidèle aux images de son style, et son usage des mêmes figures dans les mêmes situations dénonce assez clairement le système expressif auquel il obéit.

Son point de départ, dans la création de ses thèmes, de ses formules expressives, c'est le mot. Vous savez l'importance du texte pour les fondateurs du style récitatif. Schütz en juge absolument comme eux. Cette matière intelligible du chant, que les Pères du concile de Trente voulaient déjà sauvegarder, que Calvin même avait prétendu défendre en son *Institution de la Religion chrestienne*[1], Schütz prend soin qu'elle agisse sur l'esprit de l'auditeur avec toute la force des idées qu'elle apporte. Lisez ses recommandations aux chanteurs. Il exige d'eux, avant tout, qu'ils articulent distinctement, sans hâte, d'une voix claire. Pour le récitatif en particulier, il lui faut un débit aisé, sans contrainte de la mesure, asservi au seul rythme naturel d'un discours bien déclamé. Schütz ne se lasse pas de le redire, et son insistance à prévenir toute confusion dans l'émission des paroles est bien naturelle, puisque, pour le style récitatif qu'il importe en son pays, la traduction du mot, de la la lettre, est le premier devoir du compositeur. Voyons avec quel souci de fidélité il établit les rapports de sa musique avec le texte qu'il lui faut suivre, quelles équivalences il s'applique à rechercher pour chaque mot important. La musique, à la vérité, ne peut épuiser tout le contenu de chaque concept verbal. Elle ne peut s'expliquer qu'en des termes très généraux, et il ne lui est pas donné de saisir toute l'étendue, de vivre toute la pensée, complexe, variée, multiple de chaque mot. Mais, par le rapprochement d'attributs communs, les notes rediront telle idée que les paroles avaient présentée. Les éléments les plus simples de la musique, la hauteur, la profondeur du son, la rapidité, la lenteur du mouvement, ne s'associent-ils pas directement aux idées de vitesse, d'élévation? La mesure du temps appartient en propre à la musique, et l'allusion est bien peu détournée, qui l'investit, par analogie, de la mesure de l'espace. Les mots qui se rapportent à ces catégories primordiales auront ainsi une interprétation assurée. Aussi n'est-ce point par hasard que, dans l'*Histoire de la Résurrection* (1623), une de ses premières œuvres, et des plus remarquables, Schütz nous peint la hâte de Marie-Madeleine sur un motif précipité, et c'est à bon escient que plus loin, après le solennel : « Paix avec vous », de Jésus aux apôtres, le compositeur anime le chant sur ces mots : « Comme mon Père *m'a envoyé* », l'accélérant encore lorsque le sens des paroles atteint plus de réalité objective, en cette proposition, « *je vous envoie* ».

Dans cette même œuvre, si les disciples d'Emmaüs prient Jésus de rester

1. Éd. de Genève (1562), l. III, c. 20.

près d'eux, parce que le jour décline, le motif, soumis au sens littéral, descend d'une octave entière, et la conclusion se fait un ton plus bas encore.

Le récitatif nous montre, par un même procédé, les saintes femmes se courbant jusqu'à terre à la vue des anges placés près du sépulcre.

Dans les *Symphonies sacrées* (2ᵉ partie, tome VII de l'éd. Spitta, nᵒ 21), mêmes intentions.

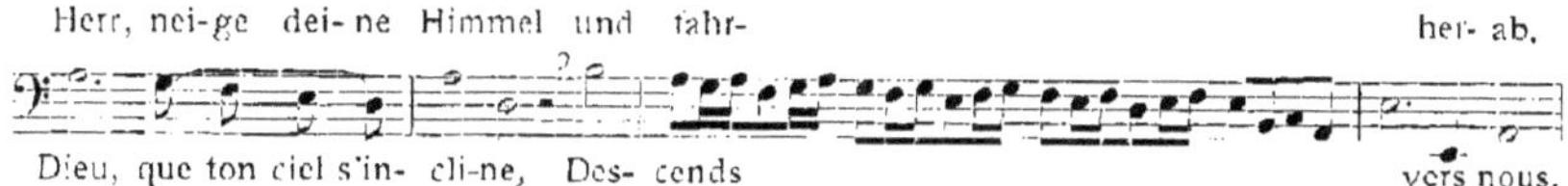

L'*Histoire de la Résurrection* a certes bien des ressemblances avec l'opéra florentin, et, dans la deuxième partie des *Symphonies sacrées*, à laquelle le dernier exemple est emprunté, Schütz n'a pas craint de copier Monteverde, et de l'avouer (Tome VII, nᵒ 26). Mais on ne peut soutenir que des intentions expressives comme celles que nous venons de signaler ne se soient épanouies que du jour, par exemple, où les compositeurs d'Italie se plurent à faire descendre Orphée aux enfers sur les notes les plus graves, et à hausser sa voix jusqu'aux plus aiguës, s'il tourne sa prière vers le ciel. Sans aller jusqu'à Josquin des Prés pour l'interroger dans des cas analogues — et ses réponses seraient de même ordre, — observons que, dans le motet *Domine exaudi orationem meam*, G. Gabrieli ne manque pas de hâter le mouvement sur *exaudi me velociter*. Et rappelons-nous un passage du *Nos qui sumus in hoc mundo* de Roland de Lassus, que nous entendîmes avant-hier. Est-il plus saisissante description que la sienne de cette chute du pécheur vers l'abîme éternel?

On ne se figurait point d'ailleurs, au temps de Schütz, que les éléments de l'expression musicale fussent absents des œuvres polyphoniques, et qu'on ait dû attendre les récits à voix seule pour tenter de faire partager à la musique l'émotion d'une déclamation touchante, ou le pittoresque d'une description animée. A la vérité, Jean Titelouze écrit à Mersenne, en 1622 : « Je croy qu'un homme seul avec un lut exciteroit mieux (les passions) qu'un grand concert qui confond souvent les paroles par la diversité de tant de voix, s'il n'estoit extremement bien concerté[1]. » Mais c'est la difficulté de l'exécution qui lui semble, plutôt que le style de la composition, interdire à la musique à plusieurs parties de son temps d'exercer sur les hommes l'empire merveilleux que sa foi aux legendes antiques l'oblige à regretter. Et si, à l'occasion de ses premières œuvres, les amis de Schütz le louent au nom de Roland de Lassus, cette comparaison entre les deux maîtres ne témoigne pas

---

1. Bulletin de la Société de l'Histoire de Normandie (1898, p. 278).

d'une confusion des styles. On pourrait, au contraire, voir là une preuve de ce discernement qui permet de reconnaître, en des œuvres différentes, la même inspiration, fût-elle réalisée par de tout autres moyens, si prêter une importance critique à des poésies de circonstance n'était bien aventureux. Le nom du « plus que divin Orlande » se marie avec trop de grâce au rythme de tout vers, et Lassus permet trop aux latinistes de faire les beaux esprits, pour qu'en ces rapprochements on aille chercher autre chose, et de plus précis, qu'un éloge facile à tourner, encore que de grand prix. Au-devant de toute musique, ce nom fameux pouvait sonner, pour le lecteur, en présage d'harmonie, et aussi haut, mais d'une promesse aussi vague, que les noms d'Orphée, d'Arion, et d'Amphion consacrés, en ce même temps, à glorifier tant de compositeurs, souvenirs dont la Fable, sans plus, faisait tout le prestige. Toutefois, en ses œuvres, nombreuses et diverses, le grand musicien avait saisi tant d'aspects de son art, et frappé tant de types pour les représenter, que, dans la première partie du XVIIe siècle, en France et en Allemagne, où la langue du contrepoint n'a pas cessé d'être familière et prépondérante, on l'interroge encore, recherchant à quels artifices il doit ce que le cardinal Du Perron appelait, dit-on, sa « grande naïveté[1] », c'est-à-dire son privilège de peindre au naturel, et comme d'un premier jet. Mersenne, copiant, à la vérité, un passage de Keppler écrit près de vingt ans plus tôt, cite encore, en 1636, un thème de Roland de Lassus, « fort propre pour exciter les grandes douleurs[2] ». Enfin, Wolfgang Schonsleder, voulant enseigner aux compositeurs le moyen d'émouvoir les passions de l'âme, ou d'imiter les actions, « en quoi, dit-il, consiste la vraie et incontestable suavité de la musique », propose des exemples notés, tirés aussi bien des œuvres du vieux maître que des œuvres aux tendances dramatiques des premiers annonciateurs du style récitatif[3]. Il recommande par-dessus tout à ses lecteurs d'étudier la nature et les propriétés expressives des mots du texte sur lequel ils veulent écrire, afin qu'ils puissent y adapter des motifs d'un caractère correspondant. Il établit une classification minutieuse des termes du langage, soient qu'ils parlent de l'âme, de ses états divers, la joie, la douleur, et des phénomènes sensibles qui les révèlent, soit qu'ils évoquent des idées de lieu, de mouvement, de hauteur, de répétition. A son avis, qu'appuie le témoignage fréquemment invoqué de Roland de Lassus, le musicien peut traduire tout cela, et bien d'autres choses encore, y compris les diverses qualités de l'homme, et jusqu'à ses différents âges.

De telles idées ne furent jamais étrangères à Schütz. Dans ses premières œuvres, l'influence en est singulièrement apparente, et pour une raison bien simple. La musique est alors en pleine période de transition, et cette langue qui se refond, Schütz n'en est pas encore assez maître pour l'écrire avec finesse. L'élégance de l'humaniste lui manque parfois, et c'est le rude mot-à-mot de l'écolier qui lui revient sous la plume, vigoureux et coloré, certes, mais un peu lourd, ou bien outré. Il abusera des métaphores, en ce temps d'apprentissage, il en fera d'obscures, et qui demandent qu'on y réfléchisse

1. *Perroniana* (1669), p. 225.
2. *Harmonie universelle*. L. III, proposition 18 (p. 188). Cf. Ioannis Keppleri Harmonices mund., libri V (1619), l. III. c. 15, p. 75.
3. *Architectonice Musices universalis...* Autore Volupio Decoro Musagete (Ingolstadt, 1631), c. 8. p. 177.

pour en comprendre le sens. Ainsi, dans l'*Histoire de la Résurrection,* sur ce
mot : *écrite,* ondulera, aux voix, une arabesque balancée qui paraît suivre le
mouvement d'une main promenée dans l'espace, et qui écrirait. Plus loin,
c'est la pierre du sépulcre, roulée au dehors, qu'il s'efforcera de représenter.
Ces dessins ont une valeur visuelle, plutôt qu'auditive, et l'erreur que Schütz
commet en les employant rappelle l'enfantillage des musiciens qui croyaient
peindre la nuit par des notes noires, le jour par des blanches. Il y a plus de
musique dans ce passage de la même histoire où le rythme lent et monotone
d'un profond sommeil se trouve imité[1] :

Si, dans les symphonies sacrées, Schütz veut évoquer les embûches de
Satan, qui sans trêve nous tend ses pièges trompeurs, une longue vocalise,
semée d'intervalles perfides, retiendra l'auditeur attentif à la voltige de l'exécu-
tant, et lui communiquera cette appréhension que l'on éprouve à suivre
tout acte périlleux[2]. C'est un jeu de mots, à la vérité, mais l'art musical
peut en rendre raison. L'imagination conçoit encore avec moins de peine
qu'une belle vocalise accompagne l'idée de chant, et s'épanouisse sur le mot
qui désigne une suite de sons agréables. Quand Schütz l'emploie, ce procédé
appartient déjà à la tradition. Il fait preuve de plus d'invention lorsque dans :
« Je veux louer sans cesse le Seigneur », il annonce la réponse de Dieu à la
voix qui l'invoque, par une imitation, dans la basse, du motif que le chant
vient de proférer. Or, en contrepoint, la répétition d'un thème porte le nom
de réponse. Aux allusions de cette sorte, facilitées par la nomenclature musicale, on trouverait de nombreuses répliques dans les œuvres du XVIIe siècle.
Ainsi, il faut connaître les définitions des traités de ce temps, pour saisir
l'intention du compositeur français Henry, dans le motet *Quæ est ista*[3],
lorsqu'il interprète *deliciis affluens* par des fioritures, jugeant sans doute qu'il
ne peut mieux traduire le mot latin, puisque le français du temps eût fait
de *deliciæ* « agrémens », et que ce terme désignait alors les motifs d'ornements employés, ou provoqués en cette rencontre.

Ces procédés d'autrefois peuvent sembler naïfs et même déplacés à la
critique moderne. Mais si nous cherchons des excuses à qui les emploie,
nous en trouverons, et d'abondantes. Songeons d'abord aux mœurs intellec-
tuelles de l'époque, à la tournure d'esprit familière à la société d'alors. En ce
beau temps de recherche littéraire, de « furieuse » ingéniosité, la pensée des
auteurs se perd dans les comparaisons, les substitutions, les antithèses; ils ne
se plaisent qu'aux pointes importées d'Italie, mais qu'en Allemagne l'amour
de certaines fantaises du style, de l'allitération par exemple, en France l'équi-
voque des « entend-trois », l'énigme des « rébus de Picardie » avaient depuis
longtemps préparé chacun à goûter. La première éducation de Schütz, ses

---

1. Schütz traduit de même, dans le Psaume 121, ces paroles : « Le Seigneur ne dort et ne sommeille. »
2. Vol. VII, n° 26 (Éd. Spitta).
3. Bibl. Nat. Vm⁷, 1171, fol. 10.

voyages, sa vie à la cour, son amitié avec des poètes tels qu'Opitz ou Buchner, devaient le soumettre plus que tout autre à la mode régnante. Et s'il y obéit, avec trop de condescendance parfois, il faut le lui pardonner, car, même lorsqu'il poursuit de vains effets, il n'en augmente pas moins les ressources de son art, amassant, sous prétexte d'expression, tout un trésor de formules purement musicales, et organisant, dans ses vocalises descriptives, les germes multiples de cet élément du développement instrumental, la *variation*.

Pour ce qui est du langage même de la passion, nul doute cependant que cette vocalise plastique ne soit bien artificielle et froide, et sans émotion vraie. Elle est superficielle et raisonneuse. On pourrait comparer les maîtres qui en cultivent l'illusion à ces orateurs qui n'auraient, au lieu d'éloquence, que de l'action, une voix agréable, ou le talent d'un mime. Cependant, cette même vocalise, qui se hérisse et se vallonne en montagnes[1], qui chemine et se déroule en replis pour dire le voyage[2], qui s'élance avec le cerf[3], rugit avec le lion, plane avec l'oiseau, scintille à l'éclat des pierres précieuses[4], cette vocalise, riche en figures, mais comme dessinées au trait, la cause d'un plaisir d'analyse, l'expansion spirituelle d'un lettré qui ne se prit à composer que sur le tard, cette vocalise encore qui se meut si souvent pour les yeux seulement, et dont l'intention ne se révèle qu'à la lecture, cette vocalise s'adresse aussi à l'âme.

Qu'elle se brise au désir, la vocalise, en un sanglot, qu'à la joie, elle se déroule en transports de jubilation, cela n'est encore que déclamation. Mais que contemplative, elle se déploie et s'attarde, que dolente, elle s'enchaîne au déplaisir symbolique des dissonances, alors elle va plus profond que l'écorce du mot[5]. Le compositeur atteint l'essence même du sentiment : parti sur des données italiennes, il en revient au génie de sa race, et se relie à cette longue continuité de la pensée allemande, qui faisait déjà prédire aux visions de sainte Hildegarde sur la muisque, quelque chose des aphorismes d'Arthur Schopenhauer[6].

Dans les œuvres où il émeut le plus, Schütz renonce d'ailleurs à multiplier les détails pittoresques, et dans les exemples les plus caractéristiques que l'on donne de sa vigueur expressive on ne trouve plus d'analyse, mais un impressionnisme violent, au service d'une seule idée. Toute la déploration de David n'est qu'un appel éperdu au fils dont il pleure la mort[7]. Toute la scène de Paul sur le chemin de Damas est dominée par cette terrible question qui monte de toutes parts, formidable demande que Dieu semble lui adresser par les voix de toute la nature : « Saul, pourquoi me persécutes-tu[8] ? » En ces beaux spécimens du style *concitato*, inauguré par Monteverde, plus d'interprétation fragmentaire ni de bavardage oiseux. L'attention

---

1. Vol. VIII, n° 25 (*Symphonies sacrées*, 2° partie).
2. Vol. VII, n° 12.
3. Vol. VI, n° 30 (*Petits Concerts spirituels*, 2° partie).
4. Vol. VII, n° 17.
5. Pour Matheson, la vocalise n'est à employer que sur les mots les plus significatifs du texte. Cf. *Critica Musica*, Hamburg, 1722, p. 376.
6. Sic et verbum corpus designat, symphonia autem spiritum manifestat. (*Scivias*, l. III, visio 14.)
7. Fili mi Absalo. (1° partie des *Symphonies sacrées*, publiées en 1629, n° 13.)
8. 3° partie des *Symphonies sacrées* (XI° vol. de l'éd. Spitta).

n'a pas à se disperser sur des objets différents : elle est maintenue sur le même point, par toute l'énergie des chocs redoublés et semblables qui l'assaillent.

Le *Venite ad me* que chantera M. David n'a pas cette vigueur. Je l'ai choisi pour montrer quelle influence la spécification des thèmes peut avoir sur le plan même d'un développement musical. Pour cette époque, l'exemple est très curieux : on comprendra sans peine que les procédés qui s'y révèlent fleuriront surtout, plus tard, dans le style instrumental. Il y a quelque présage de la sonate dans cet épanouissement d'un thème librement traité, traversé d'un épisode de caractère différent, et cette forme prescrit sans doute au compositeur un effort plus fécond que la *suite* telle que Froberger en confirme le type, simple succession de variations rythmiques de courte haleine. Mais cette variété même, de quelque prix que nous la jugions pour l'évolution de la musique pure, c'est au symbolisme expressif que nous sommes en partie redevables. Dans l'exemple que je propose, les motifs des instruments s'entrelacent. La chaîne qu'ils forment se noue et se renoue avec persistance, comme pour dire les entraves qui chargent le pécheur, le tiennent captif. Dès que la grâce du Seigneur s'est manifestée par cet appel : « Venez à moi, vous tous qui souffrez », les liens se brisent. et, d'une allure dégagée, le maître peint la douceur de cet échange qui rejette le joug terrestre et conduit de l'esclavage du péché à cette liberté où, suivant les mystiques, il doit vivre « au sein de la volonté de Dieu ».

Jusqu'à présent, c'est à l'étude des éléments mélodiques de la langue de Schütz que nous nous sommes attardé. Nous pourrions y joindre quelques considérations relatives à l'usage significatif qu'il fait des divers modes, de certaines mesures, des nuances dans l'intensité du son, et enfin de l'instrumentation. Ce travail excéderait les bornes de toute conférence. Qu'il nous soit permis de le négliger ici. Mais il est nécessaire de dire quelques mots de l'harmonie de Schütz, de parler au moins de cet accord augmenté que l'on remarque dans le *Dialogus per la Pascua*, à la rencontre de Jésus et de Marie-Madeleine. Il était audacieux de le présenter ainsi à cette époque, et les théoriciens en condamnaient sans réserve l'ambiguïté. Dans les circonstances où Schütz le fait entendre, on ne sait de quel sentiment il frissonne. Le cri de la Madeleine : « Maître ! » comprend une foule d'interprétations, et cette harmonie, étrange et indécise, satisfait à toutes, qu'on y distingue l'étonnement, l'amour, la pitié, ou cet effroi involontaire dont toute manifestation du surnaturel est accompagnée. Au point de vue général de l'histoire de l'art, cet accord sans équilibre serait à mettre en regard de l'attitude forcée des personnages dans le tableau du Bronzino qui traite le même épisode que le *Dialogus per la Pascua*, la Madeleine et le Christ vêtu en jardinier[1]. Mais Schütz prédit de nouveaux chefs-d'œuvre : Bronzino est un avant-coureur de décadence. Autant la musique avait à recevoir de la recherche harmonique, autant la peinture avait à perdre dans le maniérisme. Dans l'*Exauce-moi* que cette audition comprendra, un accord analogue reçoit une signification plus nette[2] : c'est un accent de prière fervente.

En somme, la pratique des accords altérés dérive des recherches que l'on

<hr>

1. Musée du Louvre.
2. Cf. également le même accord au début du psaume : *Aus der Tiefe*. (Vol. II de l'édition Spitta.)

poursuivait au début du XVIIe siècle sur les effets de l'enharmonie et du chromatisme. On s'était lassé du plaisir pythagoricien de la musique, plaisir éveillé par de secrètes correspondances entre les nombres de l'univers et les nombres d'un esprit bien réglé. Cette volupté, qui était de celles dont saint Augustin pouvait dire qu'elles mettent l'âme en ordre, on y renonça en faveur d'un art plus agité, et qui brouille les chiffres. Il n'est pas besoin d'être musicien pour savoir ce que l'on attendait d'une musique plus riche en relations hasardées, et qui déroge à la succession établie des intervalles. Molière lui même nous enseigne par la bouche de Madelon que, si un air est passionné, c'est qu'il y a de la chromatique là-dedans[1]. Dès ses débuts Schütz fut admiré pour avoir osé l'introduire dans les chants à voix seule. Nous remarquerons chez lui l'emploi d'une suite chromatique sur ces paroles : *Propter passionem tuam*, intention qui fait prévoir et le *Crucifixus* de S.-A. Scherer et le *Crucifixus* de J.-S. Bach. En harmonisant note contre note des séries chromatiques, Schütz produit d'autre part des suites caractéristiques d'accords parfaits qui nous surprendraient, à cette époque, sonnant pour nos oreilles à l'écho des plus modernes combinaisons, si Roland de Lassus ne les avait prévenues dans ses Psaumes de la pénitence. Dans le contrepoint, les motifs chromatiques permettent à Schütz les rencontres les plus pathétiques. Il faut citer ici le chœur d'actions de grâces de la Passion selon saint Mathieu, avec ces accords hardiment dissonants sur les mots : « Tu souffris pour nous détresse et mort ». Dans ce chœur se résument la plupart des conquêtes harmoniques de Schütz, et nous y entrevoyons l'écriture des chorals de J.-S. Bach.

Bien des traits relient du reste le maître de Leipzig à son ancêtre de Dresde, le père de la musique allemande. Ces formules de Schütz qui jaillissent du texte, qui en germent naïvement, Bach les émancipera de l'entière sujétion verbale, mais ce sera pour en créer, en face de la parole, une langue signifiante aussi, encore qu'indépendante. Il ne s'imposera plus de traduire, mais il commentera, et les termes du commentaire seront tirés, bien souvent, du lexique de Schütz.

Pardonnez-moi de vous avoir montré, pour finir, Schütz en fonction de Bach et d'avoir ainsi peut-être diminué pour vous l'intérêt présent de ses œuvres. Mais le vieux maître va se défendre lui-même par la bouche d'excellents interprètes. A les entendre, vous reconnaîtrez, je l'espère, beaucoup de ce dont j'ai voulu vous avertir, et vous suppléerez, j'en suis sûr, à tout ce que je n'ai su vous dire[2].

ANDRÉ PIRRO.

---

1. *Les Précieuses ridicules*, scène IX.

2. Après cette conférence, Mlles de La Rouvière, Joly de La Mare, MM. David et Gébelin, que M. A. Guilmant avait accepté d'accompagner, chantèrent : *O pieux amour* (à 3 voix), le *Je veux louer sans cesse*, *Exauce-moi*, *Venite ad me*, et le *Dialogus per la Pascua*.

TABLE

LIGUGÉ (Vienne)

IMPRIMERIE SAINT-MARTIN

M. BLUTÉ

www.ingramcontent.com/pod-product-compliance
Lightning Source LLC
LaVergne TN
LVHW020709200726
843508LV00002B/953